# 나는 월세 받아 세계여행 간다

# 나는 월세 받아 세계여행 간다

2017년 8월 14일 초판 1쇄 인쇄
2017년 8월 20일 초판 1쇄 발행

지은이 | 조충근(청목)
펴낸이 | 김명호
펴낸곳 | 머니플러스
편   집 | 이운영, 전형수
디자인 | 디자인미
마케팅 | 문제훈
관   리 | 김미용, 배현정

주   소 | 경기도 고양시 일산동구 호수로 358-25 동문타워 2차 917호
전   화 | 02-352-3272
팩   스 | 031-908-3273
이메일 | pullm63@empas.com
등록번호 | 제 311-2004-00002호

ISBN 979-11-87314-30-1 (03320)

「이 도서의 국립중앙도서관 출판예정도서목록(CIP)은 서지정보유통지원시스템 홈페이지
(http://seoji.nl.go.kr)와 국가자료공동목록시스템(http://www.nl.go.kr/kolisnet)에서
이용하실 수 있습니다.(CIP제어번호: CIP2017017309)」

**나는 월세 받아 세계여행 간다**

MP 머니플러스

목
차

# PART 1

## 월급은 한계가 있지만 부동산은 없다

# PART 2

## 미래를 위한 씨앗 뿌리기를 게을리하지 마라

# PART 3

## 부동산과 친해지는 10가지 방법

# PART 4

## 월급쟁이 보너스 받는 5가지 진짜 비결

# PART 5

## 월급쟁이를 위한 왕초보 부동산 경매 스쿨

# PART 6

## 쉬운 경매 이야기_ 투자파트너 실전 사례

# PART 7

## 저자(청목)가 경험한 소액 투자 사례

　나는 10년차 평범한 월급쟁이다. 내가 지금 책을 쓰고 있는 이유는 부동산 재테크를 꾸준히 공부하고 포기하지 않으면 성공하리라는 확신이 들었기 때문이다. 나는 일하지 않아도 제 2의 월급이 들어오는 시스템을 만들었으며 점차 확대해 나가고 있다.

　직장인이라면 어느 누구나 내가 몸을 써서 일하지 않고 부수입을 내는 상상을 할 것이다. 중요한 것은 돈이 아니라 인적 네트워크를 형성하고 부자로 가는 시스템을 만드는 것이다. 직장인들이 회사를 다니면서 가장 쉽게 할 수 있는 재테크가 바로 부동산이다.

　불과 3년 전 마이너스 인생에 비하면 기적 같은 일이다. 이 책은 투자를 통해 지금 당장 1~2년 안에 흔히 말하는 대박을 만들어 주는 것이 아니다. 나는 당신이 하고 있는 일에 더욱 성과를 내고 여유로운 삶을 살게 돕고자 책을 쓰게 되었다. 소액투자로 주거용 부동산 투자를 하여 인생을 즐기면서 좋아하고 잘할 수 있는 일을 찾았으면 한다.

　이 책의 핵심은 내 돈이 들어가지 않는 소액투자법이다. 초보자의 눈높이에 맞춰서 실제로 투자에 반드시 알아둬야 할 내용을 쉽게 이야기하고 구체적인 실전 사례를 넣었다.

　나는 종잣돈 500만 원과 레버리지(대출)를 이용하여 18개월 만에 주거용 다세대 빌라, 오피스텔, 아파트 총 10건 이상 매매를 했다. 안전한 주거용으로 점점 규모를 늘려가는 방식으로 다양한 투자 경험을 하게 되었다.

회사 일을 충실히 하면서 투자를 한 것들이다.

어떻게 투자해야 리스크를 줄일 수 있고, 가장 적은 돈으로 수익을 극대화할 수 있는 방법이 무엇인지, 앞으로의 부동산 시장 상황을 끊임없이 고민하고 연구하는 게 즐거운 것인지를 여러분들과 함께 느꼈으면 한다.

직업의 특성상 해외 40여 개국을 출장과 여행으로 다녀왔다. 아직도 이 세상에는 갈 곳도 많고 배울 일들이 많다. 인생의 단맛, 쓴맛, 짠맛, 더러운 맛, 치사한 맛, 서러운 맛 등을 경험하고 해야 할 일들이 많다. 그리고 하루빨리 하고 싶지 않은 일은 그만 두고 내가 진정 좋아하고 원하는 일을 하면서 살고 싶다. 당신의 꿈은 무엇인가? 내 자신이 진정으로 하고 싶었던 일을 해보는 것이 중요하다. 무언가에 도전하고 실패할 수도 있다. 모든 어려운 상황 속에서도 다시 일어날 수 있다면 성장하고 성공할 것이다. 그렇게 된다면 최종에는 원하는 목표를 달성할 수 있다.

냉혹한 투자의 세계에서 살아가는 중요한 나의 사명은, 사람들과 소통을 통하여 나다운 것을 찾고 경제적 자유를 이룰 수 있는 시스템을 갖추는 것이다. 부동산에 관심을 아예 갖지 않는 사람들은 반드시 희망을 갖기를 원한다. 끝이 아님을 알고 서로의 꿈을 지지하고 응원하며 함께 걸어가기에 행복할 수 있다. 이 책을 쓸 수 있도록 매일 새로운 힘을 주고 조언과 제안을 아끼지 않은 훌륭한 투자 연구원 동료들에게 감사한 마음을 전한다. 부동산에 대한 접근 마인드와 경매의 매력 세계를 가르쳐 주신 김양수 교수님, 최고의 지역분석법과 현장 답사를 가르쳐 주신 이영삼 박사님께 감사를 드린다. 그리고 독자 여러분들에게도 감사의 마음을 전한다. 당신의 가치 있는 인생에 같은 동반자로 즐거운 여행이 시작될 것이다.

월세 받아 떠난
세계여행

## 자유롭지 못한 월급쟁이의 삶

### 첫 직장, 월급의 유혹

관광경영학을 전공한 나는 모두투어에 입사했다. 1년에 3~4회는 전 세계를 돌아다닐 수 있는 기회가 많았다. 각 나라의 문화와 모든 것을 체험할 수 있었고 거기서 만난 사람들과 인간관계는 나의 큰 자산이다. 하지만 단순한 즐거움 속과 달콤한 유혹거리에 저축 없이 소비만 하고 살았다. 더 나은 미래에 대한 고민 없이 말이다.

### 헬로 서울, 너무 복잡한 서울

지방에서 5년이란 시간을 기다리고 서울 본사로 발령을 받은 나는 회사 근처인 홍대 연남동 반지하 빌라에서 서울 생활을 시작했다. 지하철은 단순히 출퇴근 수

010

단이며, 사람들은 콩나물 시루처럼 한가득이었고 휴대폰에만 집중하고 있었다. 연남동 가로수길과 홍대 상권은 하루가 무섭게 확장되며 새로운 업종으로 나날이 변하고 있었다. 게다가 치솟는 전세금으로 내가 여기서 살 집이 없다는 게 슬픈 현실이었다. 서울은 설렘을 주는 동시에 넘을 수 없는 높은 장벽으로 느껴졌다.

## 부동산 재테크를 통한 경제적 독립으로 얻은 자유

**마지막 직장, 월급의 10% 이상은 나를 위해 투자한다!**

지금 쓰는 돈이 미래의 재산이다. 돈이든 사람이든 투자하면 몇 배로 되돌아 온다. 강의와 책을 보면 볼수록 업무 및 투자에 도움이 많이 된다. 책 속에서 유익한 노하우를 발견하면 즉시 책을 덮고 즉시 실천하라. 그리고 유익한 정보에 돈을 아끼지 말아라. 세상에는 수업료만 수백, 수천만 원 하는 세미나도 있다. 투자의 연속이다. 직장인들에게 '자기 계발'은 선택이 아닌 필수인 시대가 되었다.

**브라보 서울! 기회의 땅 서울!**

구매력이 높은 지역, 수요가 많은 곳, 강남권까지 1시간 이내 거리 지역을 주목

한다. 지하철 2호선, 3호선, 7호선, 9호선은 다르다. 가장 최신 휴대폰으로 호갱노노, 스마트국토정보, 카카오맵, 온나라 부동산, 한국감정원 등 유용한 어플리케이션을 활용하며 지도를 보며 시세를 파악한다.

서울시에선 균형 성장과 시민 삶의 질 향상을 위해 5개권역 116개 지역 생활권별 도시계획 기반을 마련했다. 계획은 계획일 뿐 모두 현실화시킬 순 없을 것이다. 단순 호재는 버리고 방향성을 확인 후 내가 활용할 수 있는 정보에만 집중한다. 서울의 미래가 기대된다. 아직도 시장의 기회는 많기 때문이다.


## 여행을 위한 재테크, 세계여행 꿈꾸기

혼자서 생각할수록 나만의 시간을 만든다. 멈춰 서는 것은 곧 후퇴를 의미하기 때문이다. 현장답사는 항상 즐겁다. 새로운 곳을 가는 설렘과 사람들의 삶과 지역을 이해하며 소중한 인연(부동산중개사)을 통해 돈까지 벌 수 있는 여행이다.

휴양지로 유명한 말레이시아 보르네오 섬 최대의 도시인 코타키나발루에 간 적이 있다.

여행을 하면서 부동산 시세를 조사한 적이 있는데, 한국인들이 많이 사는 지역

아파트 중 하나인 ALAM DAMAI CONDOMINIUM은 매매가 USD 150,000~(한화 1억

8천만 원 이상), 임대가 월 Rm 1,800~ Rm 2,500(한화 50만 원 이상) 정도였다.

키나발루국립공원, 해양국립공원에서 호핑 투어, 반딧불 투어, 맹글로브 투어 등

코타키나발루에 즐길 거리보다 더 흥미롭고 기억에 남는 해외 현장답사였다.

부동산 투자란 임대소득과 시세차익이다. 하루빨리 건강의 자유, 시간의 자유,

경제적 사유를 이루어 세계여행을 꿈꿔본다.

월급은 한계가 있지만

# 빛의 속도로 빠져 나가는 월급 통장

"부란 인생을 충분히 경험할 수 있는 능력이다."

헨리 데이비드 소로(Henry David Thoreau)

첫 번째 직장이자 내 인생의 유일한 직장을 성실하고 충직하게 다니고 있다. 그것도 인생의 황금기인 20대부터 30대까지를 말이다. 한마디로 회사를 위해 온 몸과 마음을 다 바치고 있다. 심지어 영혼도 다 탈탈 털리고 있다.

내가 미친 것일까? 왜 나는 영혼까지 털리면서 회사를 10년째 다니고 있는 것일까? 그것은 월급이라는 달콤한 유혹 때문이다. 월급은 한마디로 독약이다. 그리고 기억하자. 월급 통장에 있는 돈은 내 돈이 아니다. 타인의 돈이 잠시 거쳐 가는 임시보관소일 뿐이다. 나의 월급 통장이 그랬다. 돈을 벌면 뭐하나. 돈 쓰는 게 너무 쉬웠다.

흥청망청 쓰는 나의 소비형태가 문제였다. 퇴근 후 회식이 잦았고 주말에는 사람들 만나는 걸 좋아했으며 음주도 많이 즐겼다. 지방에서 서울 본사로 발령 후, 내 생활은 더 궁핍해졌다. 돈을 제대로 쓸 줄 모르는 어리석은 소비만 하고 있었다. 수증기처럼 쉽게 사라지는 돈이었다. 그 당시 치솟는 전세금까지 나를 숨막히게 했다. 나는 왕처럼 산다고 생각했지만 실제로는 돈의 노예로 살아가고 있었다. 월급만으로 평생 살아갈 수 있다고 자만했고, 흥청망청 쓰는 나의 소비 형태가 문제였다. 이제 변해야 한다고 생각했다. 행복한 삶커녕 돈의 노예가 된 내 모습을 상상하면 정말 끔찍한 일이었다.

도박 빚 때문에 평생을 고통 받은 러시아 대문호 도스토옙스키는 그로 인해 자신의 모든 책의 주제가 돈이다. 그의 작품은 돈으로 시작해서 돈으로 끝난다.

돈은 도스토옙스키처럼 누군가에게 큰 고통이 될 수 있다. 그는 감옥에 가지 않기 위해 소설을 2주 만에 쓴 적도 있다. 이처럼 돈은 무서운 것이다. 이놈의 '돈', '돈', '돈'.

돈에서 자유롭게 살고 싶지만 그럴 수 없는 게 삶이다. 자본주의 사회에서 돈은 인간의 지위를 나타내는 가상 숭요한 기순이 돼 버렸다. 숨쉬고 사는 동안 모든 행동이 돈의 소비와 연결되다 보니, 돈은 인간의 물질적인 삶과 정신적인 삶을 모두 지배하게 되었다.

이렇게 무서운 돈을 회사 월급에 의지해서는 절대 안 된다. 인생의 주도권이 걸린 경제를 회사 월급에 의존한다는 것은 자신의 생명줄을 맡기는 것이다.

나에게 남는 월급은 없었고 더 최악인 것은 당장에 내가 살 집이 없었다. 이제 변해야 한다고 생각했다. 행복한 삶은커녕 돈의 노예가 된 나의 모습을 상상하면 정말 끔찍한 일이었다.

미국의 '유에스뉴스앤드 월드 리포트'는 36개국 2만 1천 명을 대상으로 '최고의 나라(best countries)'를 조사했다. 그 결과 스위스가 1위에 올랐다고 말했다. 스위스는 세계 최고 수준의 복지를 자랑한다. 국민들 평균 월급도 월 700만 원 수준. 이 때문에 물가는 비싼 편으로 알려졌다. 스위스에 이어 캐나다, 영국, 독일, 일본이 2~5위에 올랐다. 한국은 지난해보다 4계단 떨어진 23위를 기록했다.〈출처: 서울신문 온라인 뉴스부〉

월급이 700만 원이든 100만 원이든 당신의 월급 통장은 임시보관소일 뿐이다. 잊지 말자. 월급 통장은 내 돈이 아니다. 빛의 속도로 빠져나가는 돈일 뿐이다.

# 자유를 사고
# 자유를 판다

생존을 위해 달콤한 유혹들을 끊고 소비를 줄이기 시작했다. 동시에 월급쟁이가 내 인생 최고의 선택일까? 월급쟁이는 과연 부자가 될 수 있을까? 다른 무엇인가를 할 수 있는 일들을 고민하기 시작했다.

내가 일하지 않아도 매월 제 2의 월급이 나오게 만들면 어떨까? 나의 미래상을 백지에 그려 나가기 시작했다. 앞으로의 1년 후, 5년 후, 10년 후의 모습을 상상해 보았다. 상상력은 모든 꿈의 시작이며 현실로 가는 첫 번째 단계이다.

이 세상에는 많은 사람들이 살고 있지만 그들이 모두 부자가 되지 못하는 것도 사실이다. 부자는 과연 탄생 하는 것일까? 만들어 지는 것일까?

보도 섀퍼의 〈돈〉이란 책을 보면 25세에 직업을 갖고 돈을 벌기 시작하는 사람은 0.2%에 불과하다고 한다. 즉 1,000명 가운데 단 2명인 것이다. 과연 무엇이 부자가 되는 것을 어렵게 만드는 것일 까? 과연 그들은 어떻게 해서 부를 축적하고 있는 것일까? 부자들 은 과연 시간적 자유와 경제적 자유 등 모든 일들을 어떻게 자유롭 게 하고 있는 것일까?

2014년 8월경 자주 가던 홍대 북 카페에서 우연히 부동산 경매 책을 읽었다. 나는 수중에 가진 돈이 없었지만 자유와 유연한 사고 는 남아 있었다. 그리고 이 세상은 나에게 변화와 혁신을 큰소리로 외치고 있었다.

그때부터 난 부동산 경매 세계에 빠졌다. 경매에 관련된 책을 집 중적으로 보고 퇴근 후엔 유료 강연도 찾아서 수강하러 다녔다. 주 말마다 현장답사를 다니면서 정말 열심히 노력했다. 법원 입찰을 위해 회사 연차를 반 이상을 소진할 정도로 경제적 자유를 위해 나 의 자유를 팔고 있었다.

2015년 4월 만우절, 거짓말 같은 일이 일어났다. 6개월이란 시간 동안 패찰 9번 만에 첫 낙찰을 받았다. 10번 찍어 안 넘어가는 나무 없었다. 회사 생활을 하면서 겨우 모아둔 500만 원이 전부였고 입찰보증금이 모자라 마이너스 통장 500만 원을 대출 받아 입찰 보증금을 마련했다. 최종적으로 월세 2천만 원 임대보증금을 받으니 오히려 6백만 원 넘는 돈이 생겨서 제 2호 물건인 다른 다세대 빌라에 재투자를 했다. 이때부터 월세 받는 첫 부동산 여행이 시작되었다. 자세한 이야기는 7장 저자가 경험한 소액투자 사례에서 다루기로 하자.

# 경제적 자유!
# 그 다른 이름은
# 돈이 들어오는 파이프라인

어느 마을에 물이 필요해서 강에서 물을 길러오는 사람들을 구했다. 브르노와 파블로는 그 마을에서 물통을 지는 일을 하고 물 한 통에 1페니의 돈을 벌었다. 브르노는 그 일이 안정적이라 생각하여 만족하고 열심히 일했다. 열심히 일해서 소득은 많았지만, 술집에서 다른 사람들에게 술을 돌리는 등 번 돈 대부분을 탕진했다.

한편 파블로는 물통을 지고 돈을 버는 데는 한계가 있다고 생각했다. 그래서 물통을 길어오는 시간을 줄여서 파이프라인을 설치하기로 결심했다. 브르노는 자신보다 물을 반밖에 길어오지 못하고 궁핍하게 사는 파블로를 비웃었다. 파블로는 파이프라인을 구축하는 일이 고되고 힘들었지만, 미래의 비전을 생각하면서 안내했고 마침내 파이프라인을 완성했다. 브르노는 매일 힘겹게 물통을 지느라 건강이 나빠졌고, 더 이상 물통을 질 수 없게 됐다. 반면에 파이프라인을 완성한 파블로는 물통을 직접 지고 다니지 않고도 점점 더 많은 돈을 벌게 됐다. 그는 자신이 파이프라인을 완성한 노하우를 알려 주며 더 많은 사람들과 성공을 나누는 삶을 살아가고 있다. — 버크 헤지스의 〈파이프라인 우화〉

  사회에선 열심히 일하고 좀더 희생을 하면 성공한다고 한다. 성공하려는 이유 중 하나는 돈을 많이 벌어서 잘 쓰고 잘 살려고 하는 게 가장 큰 목표인 경우가 많다. 하루하루를 시간과 교환하는 함정에서 벗어나게 하고 시간낭비를 근절해야 한다. 당신은 할 일은 너무 많고 여유시간은 없다고 불평하지 않았는가? 직장에서의 월급, 노동을 통해 버는 돈보다 현금 흐름을 창출하는 별도의 파이프라인을 가져야 한다. 내가 없어도 모든 일이 잘 진행될 수 있게 할 수 있다. 시간을 벌고 저축할 수 있다. 하지만 내가 좋은 것이 남에게도 좋을 것인가? 내가 좋다고 해서 남에게도 권해야 하는가? 무엇이건 사람마다 좋고 나쁜 것이 다르듯 선뜻 다가가기 어려운 것뿐이다. 시간이 조금 걸리더라도 멀리 내다보고 파이프라인을 만들어 놓으면 이후에 벌어들이는 소득은 많아질 것이다. 그게 바로 개인의 범위 안에서 할 수 있는 부동산 소액투자이다.

# 부자가 되고 싶다면
# 부자가 될 수 있다고 믿어라

 "어디로 가야 할지 모르면, 어떤 길로 가든 상관없다."
루이스 캐롤

　나의 인생이 어디로 향하고 있는지 모른다면 어떻게 그곳에 도착했는지 알 수 있겠는가? 흘러가는 강물처럼 저항하지 않는 평범한 삶을 살아왔는가? 목적지가 확실하지 않으면 그곳에 도착할 수 없을 뿐더러 내가 원하지 않는 곳에 다다르게 될 것이다. 왜 지름길로 가지 못할까? 내가 무엇을 하지 않았느냐가 아니라 무엇을 해왔느냐다.

　내 인생은 3년 전만 해도 마치 안개가 잔뜩 낀 호숫가 아침처럼 먹구름이 가득했다. 앞만 보고 아슬아슬하게 숨 가쁘게 살아왔다. 짙은 안개 속에서 자동차 경주를 하는 것처럼 말이다. 흐르는 강물처럼 하늘의 구름처럼 흘러가는 것이 인생이다. 꼭 부동산 투자가 아니더라도 내가 어떠한 신념과 마음가짐으로 살아갈 것인지는 이 세상을 살아가는 데 중요하다.

집중을 위해서는 할 일보다 하지 말아야 할 일을 먼저 정해야 했다. 투자 스터디를 시작하고 약 6개월간 유혹의 사슬을 끊었다. 당장의 즐거움을 끊어야 했다. 불필요한 짐들을 먼저 버리지 않고서야 내 몸에 주렁주렁 단 채로 먼 길을 갈 수는 없다. 술, 담배, 게임, 스마트폰, 골프, 당구 등 투자에 방해될 만한 요소들은 한동안 멈춰야 한다. 멋과 여유를 끊어야 한다. 외로워지기로 작정하니 삶이 조금씩 변하기 시작했다. 회사를 다니면서 투자를 병행한다는 건 시간관리 능력과 약간의 체력만 있으면 된다.

세계 3대 경영 구루이자 일본의 대표 지성인 오마에 겐이치는 "남보다 2배 생각하는 사람은 10배의 수입을 올릴 수 있고, 3배를 생각하는 사람은 100배의 돈을 벌 수 있다."고 했다. 성공적인 투자를 하기 위해서는 생각을 더 열심히 하라는 것이다. 마음먹고 달려들어 보아라. 투자자가 되고 싶다면 성공적인 투자자가 될 수 있고, 사업가가 될 수 있다면 훌륭한 사업가가 될 수 있고, 정말 부자가 되고 싶다면 부자가 될 수 있다고 믿는다.

"인생은 우리가 하루 종일 생각하는 것으로 이루어져 있다."라고 랄프 왈도 에머슨이 말한 것처럼 모든 것은 우리의 생각에서 비롯

된다. 큰 생각을 하면, 큰 인물이 될 수 있고, 작은 생각을 하면 그 생각만큼의 인간으로 살아가게 된다.

가슴 뛰는 삶, 내가 원하는 삶, 부자의 삶을 살고 싶다면 나의 찌꺼기를 버리고 시작해야 할 것이다. 무엇으로 성공할 것인가? 고민을 해보자. 행복하고 승리하는 투자자가 되자. 이기기 위해 투자하는 사람들은 끊임없이 공부하고 남들보다 더 많이 알려 하고, 결국 다른 눈을 지니게 되는 사람들이다.

투자를 한다고 해서 바로 부자가 되는 것은 아니다. 투자는 어렵다. 그래서 당신은 망설임이나 두려움 없이 시작할 수 있다. 세상을 살면서 가장 큰 희열을 느끼는 건 모든 사람들이 할 수 없을 것이라고 말하는 것. 그것을 바로 해내는 것이다.

기성준 작가의 〈독서법부터 바꿔라〉 책을 보면 "책 한 권을 읽은 사람은 두 권을 읽은 사람에게 지배당한다."라는 문구가 있다. 한 권의 책을 들고 있는 사람이 두 권의 책을 읽은 사람을 만났다고 생각해라. 그 사람에게 지배당하는 것이다. 책을 읽지 않으면 누군가에게 지배를 당한다는 사실을 기억해야 한다. 책 한 권 읽어서 인생을 변화시키는 사람은 없다. 우리는 스스로 많은 책을 읽고 공부를 해야 한다.

자, 한번 도전해보자. 앞으로 시간은 충분하다. 필요한 건 용기와 실행력이다.

어느 날 새벽에 택시를 타고 약속 장소를 가는 중이었다. 택시기사님은 올해 연세가 72세라고 했다. 다른 택시기사님들에 비해 나이가 있는 분인 건 맞지만 외모는 50대처럼 보였다. 목소리에도 힘이 넘치셨고 말씀 한마디에 친절함과 건강함이 느껴졌다.

30년 운전 경력에 자기 관리가 굉장히 필요하다고 강조하셨다. 술과 담배를 전혀 안 하신다고 했다. 시간을 내서 운동을 하기 보다는 중간에 남는 시간을 잘 활용한다는 것이다. 예를 들면 집에서 세수하고 양치질하면서 앉았다 일어났다 반복하기, 집에서 푸시 업하기, 손님 기다리면서 독서를 하신단다. 항상 시간에 쫓기며 해야 할 일들은 많고 육체적으로 정신적으로 힘든 나와는 정반대였다. 난 30대의 몸이지만 체력은 그 기사님에 비해서 보잘것없었다. 그것은 그 분의 몸보다 나의 생각이 더 늙었기 때문이라고 생각한다.

시간을 내서 무엇을 하는 것도 좋지만 평상시에 남는 시간을 잘 활용해야 한다는 걸 깨달았다. 부동산 재테크를 하기 위해선 업무 외 시간을 잘 활용해야 한다. 생각이 젊어야 몸도 젊어진다.

생각이 건강해야 몸도 건강해진다는 걸 깨달았다. 우리는 건강한 삶을 살아야 한다. 그러기 위해선 무엇보다 마음과 생각이 젊고 활동적이어야 한다. 오늘보다 더 나은 내일의 삶을 상상하면서 우리의 생각이 성숙한 만큼 인생 또한 큰 성장을 하리라 본다.

# 살행하는 사람이
# 살아남는다

"습관이란 인간으로 하여금 그 어떤 일도 할 수 있게 만들어 준다"

도스토옙스키

지금 집 사기에는 너무 비싼 것 같다. 집을 사면 집값이 떨어질 것 같다. 아 그때만 샀어도 지금쯤 얼마 올랐을 텐데 말이야…… 이런 아쉬움을 토로하는 사람들을 주변에서 볼 수 있다.

과감한 투자에 대해 본인이 결정을 못 내린 것이다. 그리고 후회와 책임을 주변의 탓으로 돌리기도 한다. 미래는 언제나 불투명한 안갯속에 있다. 투자는 현재의 가치와 미래의 가치의 차액을 얻는 게임이기 때문이다. 미래의 모습을 정확하게 그려 내는 확률 게임이다.

성공과 실패는 일상적인 습관에 달려 있다. 〈이웃집 백만장자〉라는 책에 보면 부자와 빈자를 나누는 것은 열심과 노력이라고 말하는 대목이 있다.

"매일매일 조깅하는 사람들을 보셨습니까? 그들은 조깅이 전혀 필요 없을 것 같은 사람들이 대부분입니다. 그런데 바로 그 조깅 덕분에 조깅이 필요 없을 것 같은 균형 잡힌 몸을 유지한다는 것을 아십니까? 부유한 사람들은 재정적인 여유를 가질 수 있을 만큼 열심히 일합니다. 그러나 그렇지 못한 사람들은 자신의 상황을 바꾸기 위해 거의 아무것도 하지 않습니다."

부자들은 재산을 모으기 위해 자신의 시간과 에너지를 효율적으로 분배하고 사용하는 습관을 가지고 있다. 시간 관리는 결국 효율적인 문제이고, 누가 자신에게 주어진 시간과 에너지를 가장 효율적으로 사용하느냐에 따라 부와 성공이 결정된다.

하루 종일 일만 하는 사람은 돈을 벌 시간이 없다. 할 수 있다는 믿음과 확신이 필요하다. 경제적 자유를 얻을 수 있다는 믿음! 포기란 없다. 지금 이 순간에도 부수히 많은 기회가 스쳐 지나간다. 세월은 더 빨리 흘러간다.

부동산 투자가 힘들고 지칠 때마다 마음을 추슬렀다. 부동산 지식이 쌓이는 것을 경험하기 위해 노력하였다. 정보와 지식이 뒤처지면 투자를 실패하거나 잃을 확률이 높다. 쉬운 것도 어렵게 생각하면 어려운 법이다. 최대한 단순하게 생각하며 때론 좀 게으르고 여유를 찾자.

부동산 경매 입문시 기본적인 권리분석을 배우고 유료 경매 사이트에서 물건 검색하는 게 흥미로웠다. 지하철 출퇴근 시간, 점심 시간, 자투리 시간을 최대한 활용해 물건 찾는 재미가 짜릿했다. 지역을 알고, 가격을 알고, 미래 가치를 생각하면서 말이다. 시간을 투자할수록 나의 관심 물건들은 차곡차곡 쌓이기 시작하면서 더 좋은 물건들을 선별해 나갔다.

일요일은 부동산이 대부분 휴무기 때문에 토요일마다 현장 답사를 다녀야 했다. 비가 오나 눈이 오나 중요한 모임이 있어도, 결혼식, 돌잔치가 있어도 개의치 않았다. 평일에는 회사 연차를 이용해서 현장 답사와 입찰을 위해 법원을 다녔다. 2015년 당시 회사에서 사용 가능한 연차가 약 18일 있었는데 부동산 투자를 위해 대부분 사용했다. 그렇게 한동안 투자의 신세계에 푹 빠져 살았다.

황금 같은 내 소중한 연차를 소비한다고 생각할 수 있지만 패찰을 거듭할수록 나는 더 강해지고 있었다. 우리는 투자자다. 낙찰이 중요한 게 아니라 수익을 내는 게 중요한 것이다. 10번 찍어 안 넘어가는 나무는 없었다. 9번 입찰 만에 드디어 첫 낙찰을 받게 되었다. 시세보다 저렴하게 낙찰받았으며 현재 월세가 꼬박 나오는 효자 노릇을 하고 있다. 이럴 때 생각나는 사자성어가 바로 고진감래다. 긍정적이고 더욱 더 열심히 해보려는 자세가 필요하다.

미래를 위한 씨앗 뿌리기를

# 게을리하지 마라

# 혼돈의 시장에서
# 살아남는 법

"자꾸만 내가 흔들리는 이유는 오직 하나,
내 인생이 남의 지문으로 가득하다는 것. 버리자.
더 이상 버릴 게 없는 내 것으로부터 인생을 다시 시작하자."

알렌 코헨, 〈내 것이 아니면 모두 버려라〉 중에서

세상에는 왜 행복해하는 사람이 있는가 하면, 슬퍼하는 사람이 있는 걸까? 당신의 회사 생활은 만족스러운가? 당신의 월급은 노동의 가치에 비해 적당하다고 생각하는가? 아마도 월급쟁이들은 일에 질려 있을 것이다. 월급이 많고 적고는 둘째 문제다. 일을 하다 보면 매너리즘에 빠지는 경우가 있다.

〈부의 추월차선〉(엠제이 드마코) 책에 보면 이런 대목이 있다.

"지적인 모험에 도전하되 멍청한 모험은 피하라. 모험은 크게 최선과 최악의 결과를 가져오는 두 가지로 나눌 수 있는데, 그것은 지적인 모험과 멍청한 모험이다. 예를 들면 라스베이거스에서 한 달 치 봉급을 도박에 쏟아 붓는 멍청한 모험 말이다.

브레이크에 결함이 있는 차를 가지고 고속도로에서 운전하는 것 또한 그러하다. 지적인 모험에 도전하고 멍청한 모험을 피할 때 부의 궤적을 점차 늘려 나갈 수 있다. 지적인 모험의 경우 단점은 유한하고 장점은 무한하다.

당신이 추월차선 사업에 돌입하기 위해 직업을 그만 둔다면, 그것은 지적인 위험이다. 당신이 얻게 될 이익은 수없이 많을 수 있다. 손실은 무엇일까?

당신은 스스로의 기준에 못 미치게 살 수도 있다. 예를 들어 바닥을 닦고 햄버거를 팔고 식사를 부실하게 하고 자전거를 타고 다녀야 할 수 있다. 이것이 그리 나쁜가? 당신의 목표와 그 목표를 향한 신념을 인지하고 있다면 그렇지 않다. 이것은 당신이 기꺼이 하고자 하는 것과 그렇지 않은 것으로 귀결된다. 시도조차 해 보지 않고 후회하는 것보다는 실패하고 후회하는 것이 더 낫다."


우리 월급쟁이들의 가장 큰 문제는 주어진 직장 일에 최선을 다한 나머지 정작 본인들은 부자가 될 가능성은 없다고 한계를 그어 버리는 것이다. 하지만 현실적으로 직장 없이 살기에는 우리 사회가 호락호락하지 않다. 먼저 직장생활에 충실하자. 하지만 동시에 수많은 기회를 잡기 위해 노력하자. 월급쟁이도 부자가 될 수 있다. 그리고 성공을 거둘 수 있다.

회사 신입사원 1년차 때 일이다. 첫 월급으로 부모님 선물을 사드리고 친구들에게 밥과 술을 샀다. 그랬더니 통장 잔고는 도로 0이었다. 흥미가 있는 업무도 반복되면 지겨워진다. 겉보기엔 좋아 보여도 막상 들여다보면 어쩔 수 없는 회사일 뿐이다. 매일 똑같고 반복되는 일상이다. 목요일이 되면 아드레날린이 분비되고 금요일만 되면 뭐든 좋다.

특히 상사가 휴가 중일 때는 편한 마음으로 출근을 한다. 이것이 대부분 직장인들의 심정이다. 사는 게 뭐 같아도 잘 되겠지, 이것 또한 지나가겠지 하면 그만이더라. 지나고 보면 아무것도 아니더라. 어째서 눈부신 성공을 거두는 사람이 있는 한편, 비참한 실패를 겪는 사람이 있는 걸까? 매사에 긍정적이며 할 수 있다는 마음가짐을 가져야 한다. 마음이 따뜻하고 정신이 맑아야 한다. 그러면 주위에도 좋은 사람들이 생긴다.

일을 하다 보면 업무 스트레스를 받는다. 회사에서 가장 힘든 것은 돈도, 일도, 야근도 아니다. 사람들에게 받는 스트레스가 더 큰 경우가 많다. 문제는 사람인 것 같다.

내 지인 경우는 '또라이' 같은 상사를 피해서 이직했다. 그런데 그

곳에 또 다른 '또라이'가 있지 않은가. 특히 여자들의 질서가 더 엄격한 것을 보았다. 퇴근길에 소주 한 잔은, 어느새 두 잔이 되고, 세 잔이 된다. 얼큰하게 술이 오르면 이 회사 아오! 때려 치자! 그러면서도 나갈 때는 내일 일찍 출근해야 한다며 헤어진다. 이렇게 버티고 버텨서 한 달 동안 일한 대가가 들어온다. 내 것이지만 내 것이 아닌 월급이다.

현재 하고 있는 일에 최선을 다하고 새로운 것을 준비하려면 어떻게 해야 할까? 회사를 다녀도 저금을 하지 못하고 있는가? 지금 만약 어려운 상황에 처해 있는가? 그렇다면 두 마리의 토끼를 쫓아라. 지금 현재에 최선을 다하면서, 미래에 대한 준비를 병행하는 것이다. 하지만 이 경우 그만큼 포기해야 하는 것도 많다. 나의 나쁜 습관의 찌꺼기를 버리자. 시간을 압축해서 밀도를 높이자. 욕심이 없으면 발전이 없다. 적당한 욕심은 삶의 발전 원동력이 된다.

코피가 터지고 엉덩이가 짓무르도록 집중하자. 준비하고 또 준비하자. 성급할 필요는 없다. 물은 99도가 될 때까지 끓지 않는다. 100도가 되기를 기다리는 인내와 여유가 필요하다. 내가 노력하고 있다면 기다림도 당연하게 받아늘이는 여유가 필요하다. 무언가를 시작해서 당장 성과를 얻는 것은 그야말로 행운이다.

월급만으로 여유로운 삶을 살 수 있을까? 내가 살 집은 살 수 있을까? 이런 고민들은 누구나 할 것이다.

현재 가장 큰 현금흐름은 내 본업 직장이다. 남는 시간을 정말 효율성 있게 잘 활용해야 한다. 방향성이 없다면 아무것도 아니다. 내가 일하지 않아도 제 2의 월급이 나올 수 있는 재테크를 찾아야 한다. 그게 바로 부동산 재테크이다. 월급쟁이와 부동산 재테크는 경제적 자유로 가는 빠른 길이다.

나는 성공과 부를 얻고 싶고 사랑과 인정을 받기 원하는 평범한 사람이다. 아직은 경제적 자유인은 아니다. 하지만 우리는 머지않아 월급쟁이 부자들이 될 것이다.

경매라는 투자 방법을 알고 나서 낙찰부터 매도까지 첫 물건의 모든 과정이 마무리된 순간 평범했던 나의 인생은 바뀌기 시작했다. 인생을 바꿀 수 있다는 희망을 보았다. 부동산 경매를 통해 직장생활을 하면서 버는 것보다 많은 부를 쌓아가고 경제적 자유라는 가치를 곧 실현할 수 있다는 큰 믿음을 가지게 되었다. 한편으론 내가 과연 잘할 수 있을까? 괜한 허튼 짓 하는 건 아닌가? 어렵게 모은 종잣돈을 잃지는 않을까? 성공할 수 있을까 하는 의문과 불안이 있었던 건 사실이다.

그럴수록 나를 변화시키고 목표와 의지를 단단하게 굳혔다. 앞으로 현명한 투자자로 성장해 가는 모습을 계속 상상하고 있다. 시간을 이기는 투자가의 삶을 준비하려고 한다. 달팽이처럼 천천히 간다고 해도 자신의 상황에 맞게 꾸준히 조금씩 앞으로 나아간다면 어제보다 나은 오늘이, 오늘보다 더 멋진 내일이 기다리고 있을 것이다.

# 당신의 무기는
# 과연 무엇인가?

"위험을 무릅쓰고 멀리 나아가고자 하는 사람만이
자신이 도달할 수 있는 가장 먼 지점을 발견한다."

T.S 엘리엇

투자를 위해서 반드시 자격증과 전문서적을 읽고 쓸 정도의 지식을 필요로 하지는 않는다. 부동산은 전반적인 흐름을 익히는 것이 중요하다. 흐름을 익히는 것은 경제 신문, 뉴스 검색, 책, 저자 강연, 커뮤니티 활동 및 SNS 등이 있다.

부동산 흐름을 익히고 투자하는 방법을 배웠다고 바로 투자를 할 수 있고 부자가 되는 것은 아니다. 부자로 가는 시스템을 이해하고 실행해야 한다. 머나먼 미래의 이야기가 아니다. 나의 인생 키워드 3가지는 박상배 작가님의 "즉시, 반드시, 될 때까지" 다. 한결같은 마음으로 포기하지 않으면, 이미 반 정도는 부를 이룰 준비가 된 셈이다. 그래서 내가 이건 장담할 수 있다. 사회 초년생이나 부동산 초보자 혹은 월급쟁이들이 소액으로 최단 시간에 월급 외에 추가 소득을 만들 수 있다. 최소한의 시간을 투자해서 최대한 빠르게 그리고 안전하게 자산을 불려 나갈 수 있다.

흥청망청 소비만 알았던 마이너스 인생에서 종잣돈 500만 원으로 평범한 내가 이렇게 시작했듯, 당신도 손해는 보지 않으며 경제적 자유로 가는 길에 성큼 다가설 수 있다.

**여기서 잠깐만 팁**                         초 보 투 자 자 핵 심 필 수 요 소

- 투자 본질 파악(투자를 잘하기 위한 마인드 정립)
- 기초 이론 공부
- 나의 재정 상태 파악
- 6개월 안에 실질적인 투자 (선택과 집중)
- 인적 네트워크 구축
- 리더가 되자

# 극도의 몰입,
# 배움의 즐거움

 "부자가 되기 위해 필요한 건 금, 주식, 부동산, 근면, 돈 그 자체가 아니라
금, 주식, 부동산, 근면, 돈에 대한 '정보와 지식'이다."

로버트 기요사키

〈나폴레온 힐의 부자일기〉를 보면, 지식을 쌓는 일을 결코 중단
해서는 안 된다고 말하는 대목이 나온다. 성공하고 부자가 되는 사
람들은 모두 지식을 습득하는 일을 중단하지 않는다는 것이다.

투자를 처음 시작하는 분들은 너무 쉽게 얻으려고 한다. 간혹 쉽
게 빨리 배우는 사람이 있지만 스스로 고민하는 자세가 부족하기
때문에 깊이가 약하다. 나는 당연히 진심으로 여러분이 잘되었으면
한다. 책 안에서 보고, 책 밖에서 본다.

현재의 부동산 시장이 실거주 위주인지 투자자 위주인지, 사람들
이 무엇을 보고 어떻게 보고 있구나 하는 걸 한번 느껴 보자. 시장

을 조망해라. 부동산 투자는 상대방의 입장에서 생각해야 한다. 하지만 집을 구하러 갈 때는 마음에 드는 집이 있어도 절대로 속마음을 드러내서는 안 된다.

초창기에 아파트를 보러 갔을 때의 일이다. 시세 대비 2천만 원 저렴한 급매였는데 햇볕도 잘 들어오고 부분 리모델링이 되어 있었다. 입주 청소만 해도 다음 전세 세입자를 금방 맞출 것 같았다.

너무 좋은 나머지 좋은 내색을 하고 연일 감탄사의 환호성을 질렀다. 누가 봐도 이 물건과 사랑에 빠졌어요 하는 모습이다. 게다가 이런 가격에 급매로 나올 수 있는지 집주인에게 재차 물어보기까지 했다.

당시에 나는 솔직한 스타일이라 생각했는데 상대방의 입장에선 너무 저렴한 나머지 손해 보는 게 아닌가라는 인식을 심어 주게 되었다. 결국 집주인은 한 푼도 안 깎아주고 다시 금액을 2천만 원이나 올려버렸다. 내가 예상한 금액이 초과되었고 금세 다른 투자자에게 넘어갔다. 내 눈에도 좋으면 다른 사람에도 분명 기회다.

지금은 집을 보기 전에 부동산 소장님을 미리 나의 편으로 만들어 놓는다. 집이 마음에 들어도 절대로 좋은 내색을 하지 않는다. 가격을 더 깎기 위해 집에 안 좋은 부분들을 이야기한다. 때로는 당당하게 이 집 말고도 다른 집을 선택할 수 있고, 가격 협상을 할 수 있다는 마음을 가지고 접근해야 한다.

## 월급보다 더 가치 있는 부동산 커뮤니티

내가 아는 고수는 20살부터 투자를 시작했다. 약 10년 동안 혼자서 투자를 해왔다. 본인 나이보다 아파트 개수가 많다. 물론 개수가 중요한 게 아니다. 스스로 질문하고 공부했으며 무엇보다 본인을 믿었다고 한다. 아파트를 팔지 않고 꾸준히 갖고 온 게 비결이라고나 할까. 현재는 투자와 인테리어 사업을 같이 병행하고 있는데 엄청난 시너지 효과를 보고 있다. 부동산 관련 온라인 카페들이 많이 활성화되어 있어서 각각 여러 투자 방식과 다양한 연령대의 사람들을 만날 수 있다.

요즘은 정보가 너무 넘쳐나는 세상이다. 부동산 관련 온라인 카페들이 수두룩하다. 각각 투자 방식과 연령대들도 다양하다. 고수들은 자기 관리를 잘한다. 잘하는 정도가 아니라 철저하다. 끊임없이 자신에게 투자하고 공부한다. 즉, 쓸데없는 곳에 시간과 에너지를 허비하지 않는다. 주중에는 퇴근 후 부동산 강의를 들었다. 그리고 부동산에 관심과 열정이 있는 사람들을 만났다. 친목 도모 목적도 있다. 가장 큰 장점은 서로 정보를 공유하고 이야기하면서 많은 것을 배울 수 있다는 점이다. 얼마나 많이 보고, 많이 듣고, 많이 읽었느냐가 관건이다. 지식과 경험이 가장 중요하다. 빨리 가려면 혼자 가고 멀리 가려면 함께 가라는 말이 있다. 난 이 말이 참 좋다.

# 나의 투자처,
# 투자 스타일은?

　간혹 이런 질문들을 받는다. 어느 지역이 괜찮아요? 어디에 투자하기 좋아요? 우리들은 모두 성인이다. 투자자는 결국 자신이 책임을 져야 한다. 실패에 대한 저항력도 생겨야 하고 무엇이 맞고 틀린지 판단도 할 수 있어야 한다.

　좋은 투자처는 어디 있을까? 좋은 투자처란 무엇인가? 투자자가 원하는 것이 무엇이냐에 따라 다르다. 부동산 투자를 오래 히는 분들은 주 종목이 생긴다. 신축, 상가, 아파트, 빌라, 오피스텔, 재개발, 재건축, 분양 등 어느 것이 맞다고 할 수 없다. 사람마다 스타일과 선호도가 다르다.

갭 투자는 부동산 시장이 상승장일 때 리스크가 없는 투자이다. 현재는 누구나 다 뛰어들고 있어서 위험할 수 있다. 갭 투자는 고 전세를 형성한다. 투자자들 스스로가 만든 것이다.

미국 도널드 트럼프 대통령이 부동산 재벌이라는 사실은 알고 있을 것이다. 펜실베이니아 대학교 와튼 스쿨을 졸업하자마자 부동산 사업에 뛰어들었고 연일 승승장구하며 현재는 뉴욕 초고층 건물인 트럼프 타워와 호텔, 골프장 등을 다수 보유하고 있는 부동산 재벌이 되었다. 부동산 재벌 도널드 트럼프가 말하는 투자 원칙 5가지가 있다.

첫째, 과감히 도전하라. 투자에 대한 확신이 있다면 과감히 도전해야 한다. 저렴하다고 해서 투자하는 것이 아닌 확실한 투자처라고 생각한다면 과감히 투자해야 한다.

둘째, 유연한 사고를 가져라. 자신이 알고 있는 방식, 선호하는 상품에만 투자하지 말고 열린 사고로 다양한 상품에 다양한 방식으로 도전해야 한다.

셋째, 위험성을 항상 염두에 두고 투자하라. 투자에 실패할 경우 자신에게 닥칠 최악의 상황을 미리 인지해 실패 시 일어설 수 있는 여건을 마련해야 한다.

넷째, 스스로 전문가가 되어야 한다. 다른 사람이 말하는 투자 정보로는 성공하기 힘들다. 이런 방식은 남들에게 쉽게 휘둘릴 수 있는데 스스로 시장 조사, 분석을 통해 공부하고 결정을 해야 한다.

다섯째, 부동산 투자란 메리트 없는 상품을 매입하여 높은 가치를 지닌 상품으로 탈바꿈시키는 것이다. 돈이 안 되는 물건을 돈이 되도록 시간과 노력을 투자해야 한다.

자기가 가지고 있는 투자 금액과 투자 성향이 중요하다. 누가 더 훌륭하고, 뛰어나다가 아니다. 기본적인 분석도 안 하고, 투자에 대한 확신도 없이 그냥 남들 하니까 따라 한다는 건 정말 어리석은 일이다. 그리고 투자 물건과 사랑에 빠지면 절대 안 된다. 일을 저질러 놓고 후회하는 사람들을 많이 봤다. 또 다른 좋은 물건이 기다리는 경우도 있다. 투자의 기회는 반드시 돌아온다. 절대 서두를 필요가 없다. 조급해하지 말고 천천히 가도 된다. 마음이 조급해지면 판단력이 흐려져서 실수를 하게 된다. 투자는 왜 하는가? 돈을 벌려고? 돈은 왜 벌지? 과연 이 길이 맞는 건가? 분명한 것은 투자는 오늘보다 나은 내일을 위해 하는 것이다.

욕심내지 말고 가지고 있는 만큼 자기 상황에 맞는 투사를 해라. 이제 막 투자 공부를 하는 사람들은 어떤 지역부터, 어디부터 해야 할지 막막할 것이다. 멀리 보지 말고 내가 사는 지역부터 찾아보길 바란다. 그리고 남들이 다 하니까 나만 안 하면 뒤처지는 것 같아 조급해져서 투자하면 안 된다.

　유명한 고수 이야기를 들어보면 혹해진다. 사람마다 스타일과 선호도가 다르다. 본인이 감당할 수 있는 리스크를 극복하면 된다.

　이런 저런 이유 때문에 부동산 투자를 오래 하신 분들은 전문 분야가 생긴다. 초보들은 분산을 많이 한다. 리스크 때문이다. 한 지역에 한 번에 들어가면 거기에 악재가 있는 경우 쉽게 나올 수가 없다. 내가 원하는 것을 곰곰이 생각하자. 투자란 지속성이 없으면 살아남기 힘들다. 투자 행위는 심장 펌프질과 같다. 잠시라도 멈추면 저혈압 상태가 되어 졸도한다. 투자자의 전략과 역량에 따라 수확물은 천차만별이다.

　보통의 투자자 분들은 자기 하나의 입장에서 본다. 뭐든 사람들에게 공평한 투자는 없다. 누구는 몇 채, 얼마 벌고, 분위기에 휩쓸리지 마라. 항상 리스크 쪽을 신경 써야 한다. 리스크에 맞춰서 투자해야 한다. 남들과 경쟁하지 마라. 그들은 당신의 투자를 책임져 주지 않는다.

# 월급과 월세
# 두 마리 토끼를 잡아라

우리는 자본주의 시대에 살고 있다. 돈의 가치가 갈수록 떨어질 수밖에 없다. 물가상승률 이상 꾸준히 올라가는 실물자산에 투자를 하고 싶은 것이지 오를 만하니 치고 빠지는 이런 투자는 하고 싶지 않다.

돈을 버는 과정은 중요하지 않다. 물건의 가치, 선별 능력이 중요하다. 욕심이 없으면 발전이 없다. 적당한 욕심은 삶의 발전 원동력이 된다. 항상 좋은 생각, 긍정적인 생각을 하자.

〈Hello 부동산, Bravo 멋진 인생〉책의 저자인 '멋진 인생'님은 부동산 수입으로 월 현금 흐름 2천만 원을 만들고 유명한 부동산 재테크 베스트셀러 작가가 되었다. 부자가 되기 위한 마인드 다지기, 수익형 부동산 투자 원칙, 부자가 되기 위한 단계별 부동산 투자법, 잘 받은 상가 주택 이야기 등 아주 꼼꼼하게 자세히 설명되어 있다. 회사를 다니면서 투자까지 성공한 대단한 분이다.

두 마리 토끼를 어떻게 잡느냐고 하지만 그런 생각은 잘못된 것이다. 두 마리 토끼를 잡아야 지금 삶보다 나아질 수 있다. 두 가지로 분류하자면 시세차익과 임대소득이다. 시세차익 형은 현재가 아니라, 미래가 있다. 시세차익 형은 매수가 아니라 매도 시기가 중요하다. 즉 미래를 봐야 한다. 여기서 미래를 봐야 한다는 것에 근본적인 질문이 하나 나온다. 우리가 미래를 예측을 할 수 있느냐 없느냐 하는 문제다. 우리가 미래를 예측해야 한다. 단기보다는 장기를 예측하는 것이 쉬울 때가 있다.

투자를 할 때는 이기는 룰을 만들어야 한다. 부동산 투자는 장기투자가 중요하다. 그런데 장기투자가 꼭 정답은 아니다. 변수들이 많다. 부동산에서도 패턴을 알 수만 있다면 올바른 투자를 알 수 있다. 그런데 임대소득은 어떨까? 매수 시점에 나의 수익률이 정해진다. 즉 내가 얼마에 수익이 남는지 바로 계산이 나온다. 주위에 전업투자가로 전향하려는 분들을 많이 봤다. 투자에 집중할 수 시간이 많아 여유로울 순 있겠지만 고정적인 임대소득이 발생하지 않는다면 불안한 삶을 살아가게 될 것이다. 임대소득이 월급 정도는 나와야 버틸 수 있다. 그래서 회사를 다니면서 일정한 임대소득을 만드는 것이 가장 현명한 일이다.

# 월급은 없어도
# 부동산은 있어야 한다

투자는 왜 하나요? 돈 벌려고? 가족을 위해서? 행복하기 위해
서? 당장 투자를 한다고 해서 큰돈은 벌 수 없다. 경제적 자유를 위
해서? 그렇다면 경제적 자유란 무엇인가? 뒤풀이에서 술 한 잔 걸
치며 유명한 고수 분에게 "경제적 자유란 뭐라고 생각하세요?"라고
질문한 적이 있다.

사람마다 형편이 다르다. 생각이 다양하기 때문에 명확한 답이
없다. 나 또한 경제적 자유를 누리기 위해 투자를 하지만 그것이 무
엇인지 스스로 결론을 내리지 못한 채, 좋은 매물이 있으면 투자를
하고 수익을 거둔다.

그렇게 계속 꾸준하게 해서 돈을 버는 정도로만 생각하고 있었다. 명확한 목표를 가지고 싶었던 것 같다. 부동산 투자를 위한 종목이 중요한 게 아니다. 그 부동산을 바라보는 올바른 눈이 필요하다. 현실적으로 매입 가능한 부동산 수를 정하자.

초기의 투자는 돈을 벌기 위함이 아닌 내 스스로 경험을 하고 실력을 쌓는 일이다. 내가 가진 투자금이 정확히 얼마인지 알고 종목을 정했다. 돈이 떨어지면 열심히 공부를 했다. 강연을 듣고 책을 읽고 저자의 책을 파기 시작했다. 그리고 함께 할 동료를 만들고 스터디를 했다. 부동산 투자라는 게 한번 시작하고 실패하지 않는 투자를 하면 굉장히 즐겁고 행복하다.

중독성 또한 강하다. 빨리 재투자를 하고 싶어서 열심히 돈을 모으고 더 나은 투자처를 찾으러 다녔다. 시간이 지나는데 새로운 투자처를 찾지 못하면 괜히 내가 잘하고 있는지 헷갈릴 때가 있다. 전혀 조급해할 필요 없다. 조급해지면 실수하기 쉽고 판단력이 흐려진다. 그러면 실패할 확률이 높다. 좀 게으르고 느긋하게 마음을 먹어야 한다.

소급했던 마음을 찾을 때까지 평정심을 찾아야 한다. 남들이 하니까 나만 안 하면 이상하고 뒤처지는 것 같을 것이다. 부동산 투자에 매수는 이제 시작일 뿐 성공이 보장된 결론이 아니다. 얼마든지 더 좋은 기회는 올 수 있다. 서두르지 말고 천천히 가도 좋다. 투자의 적기는 본인 스스로가 살 수 있을 때가 적기이다. 투자 공부를 하고 마음먹었으면 6개월 안에 승부를 승부를 본다는 생각으로 몰입해야 한다. 뭐든지 처음이 가장 어렵다. 첫 물건에는 큰 욕심 부리지 말고 안전한 물건에 투자해라.

직장인이 정말 시간이 부족한 건 사실이다. 저자도 회사를 다니면서 시간이 늘 부족했다. 출퇴근 시간에는 지하철에서 책을 보고 퇴근 후에는 강연을 들었다. 그리고 한동안은 유료 경매 사이트에 빠져 살았다. 업무 시간에도 틈틈이 물건을 검색했다. 퇴근 후에는 내 물건 찾는 재미에 잠을 못 자는 경우가 허다했다. 제일 중요한 판례 공부도 한다. 여러분 스스로 본인에게 가장 맞는 방식으로 해야 한다.

# 성공하는
# 영향력의 법칙

## 부자로 가는 마인드 정립

부자학연구회가 쓴 〈부자의 생각은 당신과 다르다〉라는 책의 서
문에는 다음과 같이 언급되어 있다.

"부자와 빈자의 기본적인 차이는 '생각하는 방식'에 있습니다. 부자는
도전적이고, 창조적으로 사고를 합니다. 빈자는 수동적이고, 답습적으
로 생각을 합니다. 세계 어딘가에는 수백억 원의 재산가였다가 한 번의
실패로 손안의 거의 모든 재산을 날려도, 수년 후에 더 크게 일어서는

오히려 수천억 원의 재산을 보유하는 부자들이 많이 있습니다.

부자는 핑계를 대지 않습니다. 감각적으로 머리에 떠오르는 생각을 섬광처럼 실행에 옮깁니다. 남의 눈치를 안 보고, 이거다 싶으면 바로 달려듭니다. 가정의 생활비만 남겨두고는 가진 것의 모두를 베팅하는 배짱이 있습니다. 만약, 재산이 없으면 없는 대로 빌려서 투자합니다."

이처럼 부자들은 도전적이고 배짱이 있으며 창조적이다. 성공은 성공을 확신하는 사람에게 찾아온다. 조금이라도 실패를 의식하면 실패하게 된다. 실패를 두려워할 필요는 없다.

12년 연속 기네스북에 오른 세계 최고의 판매왕 '조 지라드'에 대해 잠깐 이야기 해보겠다. 조 지라드는 세일즈를 하기 전까지는 그야말로 '루저'였다. 폭력적인 아버지 밑에서 '아무짝에도 쓸모없는 놈'이라는 소리를 귀가 닳도록 들으며 자랐다. 고등학교에서는 퇴학을 당한다. 이후 구두닦이 등 온갖 허드렛일로 허송세월을 보낸다. 수십 군데 직장에서 쫓겨나는 수모를 당하기도 한다. 그렇게 35년 세월을 보낸다.

그런데 갑자기 조 지라드는 변한다. 가족을 먹여 살리기 위해서 세일즈 업으로 뛰어든 것이다. 미국에서는 보통 결혼식이나 장례식 등에 운집하는 지인이 평균 250명 정도라고 한다. 이 250명은 특정한 사람의 기쁨이나 슬픔을 위해 연결된 고리라는 셈이다.

조 지라드의 250법칙을 만든다. 그 한 사람이 호평을 하면 이 호평은 250명에게 직간접적으로 전달이 될 것이고, 불평을 해도 이 250명에게 전달이 될 것이다. 이 법칙을 통해 조 지라드는 250명 한 사람 한 사람을 최고의 고객으로 대접해 급기야 세계 최고의 판매왕이 된다.

혼자의 힘은 분명히 한계가 있다. 지원해 주고 응원해 주고, 참여하는 사람이 많을수록 일은 좀 더 쉽게, 좀 더 크게 이루어진다. 따라서 사회 속에서 큰일을 하고자 하는 사람은 특히 인맥 관리에 신경을 써야 한다. 결국은 부동산의 본질도 인맥이다.

인맥을 중요하게 생각하고 인적 네트워크를 구축해야 한다. 우리가 어떤 일을 감히 못하는 것은 그 일이 너무 어렵기 때문이 아니라, 어렵다고 감히 그 일을 하지 않기 때문이다.

초기의 투자는 돈을 벌기 위함이 아니라 스스로 경험과 실력을 쌓고 규모의 개수를 소액으로 늘려 나가는 방식을 선택했다. 그리고 약간 무리하더라도 현실적으로 구입 가능한 목표를 높게 설정하였다.

처음 시작할 때 실투자금액을 냉정하게 분석 후 일단 주거용부터 시작을 하였다. 욕심부리지 않고 상가나 토지 쪽은 아예 보지도 않았다. 처음 시작은 부동산 투자에 대한 감을 아는 것이 중요했다.

# 작은 것부터
# 실행하라

## 절대 포기하지 말고 확신을 가져라

미국 프로야구 "시카고 컵스"가 월드시리즈 108년 만에 우승을 하였다. 시카고 컵스의 월드시리즈 우승을 생전 두 번이나 경험한 108세 할머니 팬 사연이 눈길을 끈다. 할머니는 시카고 컵스가 경기를 할 때, 이기거나, 질 때도 항상 믿음을 가지고 옆에서 쭉 지켜봐왔다고 한다.

이와 같이 부동산 투자를 하면서 조바심을 갖지 말고 느긋하게 마음을 먹고 기다려야 하는 때가 있다. 매도가 바로 그 때다. 매수를 하는 것보다 신의 영역인 매도를 하는 게 정말 어려운 일이다.

첫 투자 때는 그곳이 어떻게 변할지 상상만 했다. 그 곳을 어떻게 선점하고 전략을 짜야 할지 생각하지 못했다. 당신 같으면 이 집이 너무 마음에 들어 2개씩이나 사겠니? 이 물건이 너무 좋아서 지인들에게 추천해 줘도 욕 안 먹겠니? 쉽게 가자. 최대한 쉽게 가자. 투자가 헷갈릴 때마다 지극히 상식적으로 생각했다.

부동산 투자는 전략이 매우 중요하다. 같은 기간을 공부했더라도 어떤 이는 평생 공부만 한다. 부동산 전문 박사가 따로 없다. 반면에 어떤 이는 실질적으로 투자하여 점점 여유로운 삶을 살고 있다. 100% 완벽한 준비란 없다. 부동산 시장에는 흐름과 변화가 있다. 그 흐름을 주시하고 기다리다가 중요한 결정을 하게 되는 때가 있다. 그러려면 용기가 있어야 한다.

예를 들어 지금 부동산 시장은 전체를 통틀어 이야기하는 것이 아무 의미가 없다. 우리는 입지만 보면 된다. 상품과 시장 가격만 말이다. 도전과 시도, 그로 인해 한 단계 성장하겠다는 굳은 의지와 결단력! 변화를 즐겨하는 용기 있는 사람이 되자. 많은 것을 보고 배우고 학습해야 하며 그리고 분석을 할 줄 알아야 한다.

신중함과 결정적인 순간에는 내 판단을 믿고 최선을 다해야 한다. 포기란 없다. 절대 포기하지 않는다. 나의 무기! 내가 제일 잘하는 기술로 싸우는 것이다.

## SMALL START ( 작은 것부터 시작하라 )

처음부터 무리하게 욕심낼 필요는 없다. 돈을 버는 것도 중요하다. 하지만 더 중요한 건 잃지 않는 투자를 해야 한다는 것이다. 일단 자신의 지역이나 자신이 잘 아는 지역에서 시작해라. 그 지역에서 살아 왔기에 누구보다 지역을 잘 안다. 투자하는 이유를 명확하게 이야기해 줄 수 있으며 지역의 큰 이슈나 호재 정보를 얻는 게 많을 것이다.

현금 흐름을 갖추기 위해선 우선 작은 것부터 경험하는 것이 좋다. 작은 것부터 하나씩 모아보자. 월세 시스템을 처음 구축한 것은 바로 다세대 빌라였다.

첫 경매 낙찰이 오히려 플러스피를 만들었고, 매월 20만 원 이상의 현금 흐름을 만들었다. 플러스피란 내 실투자금이 전혀 들어가지 않고 남는 구조다. 대출을 이용하여 대출 이자를 제외하고도 월 순수익이 남았다. 투자금이 더 많아졌다. 한 채 가지고 웬 호들갑이냐고 말할 수도 있다. 하지만 3~4채가 되면 100만 원 이상의 현금이 발생할 때 내가 느끼는 뿌듯함은 이루 말할 수 없다. 이런 효자 노릇을 톡톡히 하는 현금 흐름 부동산은 종류와 상관없이 양을 늘려가는 게 좋다. 빌라, 오피스텔, 아파트 등 대출과 보증금을 활용하여 임대수익을 남기고 충분할 경우 매입하는 것이다.

# 월 순수익 100만 원을 완성하라

월 순수익 100만 원은 1년 만에 충분히 만들 수 있는 금액이다. 누구나 다 가능한 일이다. 하지만 일하지 않아도 매월 300만 원만 나오면 말이 달라질 것이다. 직장을 다니면서 계속 꿈꿔 왔던 부분이다. 내가 일하지 않아도 매월 누군가에게 제 2의 월급을 받을 수 있다면 얼마나 행복한 일인가? 누구나 이런 삶을 꾸고 있을 것이다.

이제부턴 여유 있는 부자를 할 수 있게 된다. 사실 이 성노 금액은 웬만한 직장 하나를 더 가진 효과를 얻는 것이다. 아니 월급보다 더 나을 수 있다.

하지만 일반 직장인이 누구나 쉽게 도달할 수는 없다. 정말 독하게 공부하고 목숨 걸고 싸워야 하는 게 맞는가 싶기도 하다. 그렇다고 적당히 얼렁뚱땅 하자는 말은 아니니 오해 없기 바란다.

현실적으로 가능한 1년 안에 현금 흐름 월 100만 원! 2년 안에 현금 흐름 월 300만 원을 목표로 삼아보자! 보통의 경매인들이 빌라 단기투자로 500만 원~1천만 원 정도의 단기 매매 차익을 거두는 분도 계신다.

현금 흐름 100만 원을 달성하여 300만 원이 넘고, 1천만 원을 넘어서면 분명 삶의 질이 달라질 것이다. 이 세상에는 현금 흐름이 2천만 원, 3천만 원, 그 이상의 수준을 훌쩍 넘어선 고수와 부자들이 있다.

2년 전 강연을 듣다가 우연히 알게 된 지인 분이 계셨다. 벌써 그분은 2년 만에 월 2천만 원 현금 흐름을 만들고 초고수가 되었다. 그분은 지방에 거주하면서 강연을 들으러 매주 주말마다 왕복 5시간 이상 운전을 하고 왔다고 한다. 각 수업들을 기본 2~3번 재수강하면서 자기 것으로 만들었다고 한다. 사람의 한계가 끝이 없다는 걸 보여주는 것 같다.

요즘 사람들은 결과로만 그 사람들을 판단한다. 주위에 몇천만 원을 벌었네. 급매로 몇천만 원을 싸게 샀네. 이런 소식을 들으면 조급해지기 마련이고 판단력이 흐려지게 된다. 큰 것만 보지 말자. 작은 것부터 하나씩 자신의 것으로 소화해 내는 사람이 성공할 수 있다.

부동산 투자가 별로 중요한 게 아니다. 돈을 잘 버는 것도 중요하다. 부자가 되는 것도 중요하지만 인생을 잘 사는 것도 중요하다. 그러나 이게 다가 아니다.

투자 전에 마인드 컨트롤이 필요하다. 돈을 벌어야 하는 이유? 인생을 사는 이유? 내가 이 물건을 사야 하는 이유? 확실하게 남들에게 설명할 수 있어야 한다. 그리고 목표를 잡고 언제까지 이루겠다는 기간을 정해 놓자.

직장인들은 시간이 없다. 아니 우리 삶도 마찬가지다. 목표 달성을 위해 온 열정을 쏟아부어야 한다. 장기적으로, 단기적으로 구체적인 목표들이 나와야 한다. 그래야 후회하지 않는, 절대로 잃지 않는 투자를 할 수 있게 된다.

# 올바르게 투자할 수 있는
# 눈을 키워라

이제 시작하는 초보자라면 주거용부터 시작해라. 어디서부터 공부를 할지 모른다면 본인이 거주하는 지역부터 살펴보면 된다.

살고 있는 아파트에는 누가 살고 있으며, 세대수가 어떻게 되고, 주차장은 여유가 있는지, 지하철역과 버스정류장은 가까운지, 초 · 중 · 고는 있는지, 편의시설은 있는지, 살면서 불편한 점, 좋은 점들을 생각해 보자. 부동산 투자 순서는 지역을 이해하고 분석을 먼저 하자.

추후 미래 가치가 있는지 고민한 다음 신속하고 결단력 있게 부동산을 구입하면 된다. 부동산은 입지와 지역을 분석하면 투자하기 쉽다.

간혹 부동산을 사고 나서 불안해하는 분이 있다. 그건 확신이 없어서 그런다. 대부분 그런 사람들은 전문가를 쉽게 믿고, 혹하는 이야기를 듣고 대충 보고 투자한다. 왜 물건을 사는지? 매매 목적이 무엇인지? 앞으로 사게 되면 언제쯤 매도 할 것인지? 이런 기본적인 원리도 모른 채 투자가 아닌 투기를 하고 있다. 내가 부동산을 사야 하는 이유를 본인 스스로 답을 하면 괜찮다.

하지만 직장인들 대부분은 시간이 없어서 바쁘다고만 한다. 보통 출퇴근 시간을 오전 9시에서 오후 6시까지로 보자. 하루 종일 일만 하는 사람은 돈을 벌 기회가 없다. 그날 업무에 치여, 회의에 치여, 동료가 휴가 가는 날이면 일터가 전쟁터로 바뀔 수 있다. 그 전쟁터에서 우리들은 치열하게 살아가고 있다.

치열하게 살아가고 회사에 충성하는데 월급 받는 건 항상 부족하다고 느낀다. 주중에는 시간이 없고, 주말에는 아기를 돌봐야 하기 때문에 못 갈 수는 있다. 내 주변에도 이런 케이스가 많았다. 하지만 반대로 생각해 보자. 쉽게 쉽게 돈 벌려고 하지 마라.

내가 확신이 서고 버틸 만한 자금이 있으며 리스크가 오너라도 감당할 수 있다면 구입해라. 우리는 부동산 보는 법, 올바른 투자를 할 수 있는 눈을 키워야 한다. 우리는 어떤 물건을 고르느냐가 가장 중요하다. 많이 보고 현장을 다닐수록 투자처가 많이 나온다. 입지와 지역을 많이 알면 투자처를 다 뽑아 낼 수 있다.

  책상에서 이론 공부도 중요하지만 현장이 가장 중요하다. 현장을 많이 다녀봐야 한다. 온라인상에서 정보를 취득하고 매일 뉴스를 검색하고 부동산에 가서 확인만 하면 된다. 이것을 놓치면 안 된다. 매월 2회 이상은 부동산에 가서 이야기를 듣고 피부로 느껴 봐라.

여기서 잠깐만 팁                              **행복한 투자자를 꿈꾼다면**

1) DO(할일)
  항상 긍정적으로 생각하자.
  하지 말아야 할 일을 먼저 끊자.
2) DONT(하지 말아야 할일)
  투자와 투기를 혼동하지 말고 투기를 하지 말자.
  아무도 믿지 마라.(나 자신을 믿자.)

부동산과 친해지는

# 10가지 방법

# 수요와
# 공급이다

투자가치가 있는 집을 고른다는 것은 수요가 몰릴 수 있는 곳에 투자를 하는 것이다. 집값은 수요 공급의 원리에 영향을 받을 수밖에 없다. 어떤 특정 지역에 집을 팔려는 사람은 적은데 집을 사려는 사람이 많다면 그 지역의 집값은 오르게 마련이고, 반대로 집을 사려는 사람보다 팔려는 사람이 더 많다면 집값은 내리게 마련이다.

현재 매수를 고려하는 분들은 해당 지역의 공급 물량을 살펴 매수 시점을 잡아야 한다. 타이밍이 생명이다. 주택 공급량을 정확히 알아야 한다. 현재가치에 비해, 오를 만한 가치가 있는 지역, 시기를 잘 고르기 위해 공부를 해야 한다.

책과 뉴스 기사를 보면서 호기심을 가지고 비판적으로 접근해라. 판단력이 명확해야 한다. 아는 지역은 다른 지역과 확실하게 비교해서 시장 전체를 포괄해야 한다. 지금 경쟁률이 높다고 해서 가치가 있는 게 아니다. 나중에 팔 때 경쟁률이 높아야 한다.

**아파트 입주 물량**

(단위 : 가구)

| 지역 | 2016년 | 2017년 | 2018년 |
|------|--------|--------|--------|
| 전국 | 27만9446 | 36만8008 | 36만8499 |
| 서울 | 2만3641 | 2만6533 | 3만759 |
| 경기도 | 8만5122 | 12만468 | 13만7719 |
| 인천 | 7708 | 1만7392 | 1만6389 |
| 지방 | 16만2975 | 20만3615 | 18만3632 |

자료 : 부동산114

'부동산 114' 조사에 따르면 지난 5년 평균 23만 가구 수준이던 전국 아파트 입주 물량은 2017년과 2018년 각각 36만 가구 수준으로 급증한다.

이처럼 언론자료를 보면 2017년 부동산 시장 선방이 밝지 않다고 한다. 그 이유 중 하나가 2017년, 2018년 공급 과잉이라는 것이다. 집을 사려는 수요는 한정적인데 공급이 넘쳐나면 전셋값이 하락하고 매매가에 하락 영향을 끼칠 수 있다는 전문가들의 의견이다. 그리고 주택 시장의 불안한 조짐으로 2015년 12월부터 미국 금리 인상 시작, 장기적으로 대출 이자 상승, 주택담보대출비율(LTV)과 총부채상환비율(DTI) 금융규제 강화, 거치기간 축소, 새 정부의 부동산 정책 등 변수가 있다.

주택 시장 부양보다는 안정을 선택할 가능성이 높다. 이 틈새로 위기를 기회로 잡는 발 빠른 고수들은 분명히 있다. 좀 더 자세한 월별, 지역별, 아파트별로 자세한 공급 물량을 보고자 한다면 닥터 아파트, 부동산 114 사이트에서 아래와 같은 방법으로 조사하면 될 것이다.

1) 인터넷 부동산 114 사이트에 접속한다.( http://www.r114.com)

2) 분양 – 입주지원센터

## 3) 이달의 입주 정보

분양종류, 단지명/소재지, 공급/전용, 분양가, 세대수, 분양/입주
시기를 엑셀 파일로 정리를 해보자. 이렇게 입주 물량을 정리를 해
놓으면 도움이 될 것이다.

# LTV란?

주택담보대출비율, 즉 담보가치 대비 대출 비율이다. 즉 은행들이 주택을 담보로 대출을 해줄 때 적용하는 담보가치 대비 최대 대출 가능 한도를 말한다. 보통 은행에서는 LTV를 적용해서 대출 한도를 뽑아 보고 DTI와 다른 기준들을 적용해서 대출 금액을 결정하고 있다. 2014년 8월 1일부터 상향 조정되어 현재 LTV는 70%다. 예를 들어 3억 원짜리 집을 담보로 할 때 대출받을 수 있는 최대 금액은 2억 1천만 원(3억 원×0.7)이다. LTV 상향은 투자자 입장에서 대출을 더 많이 받을 수 있다. 정부는 '6.19 부동산 대책'으로 조정 대상 지역에 대해 현행 70% 한도인 LTV를 60%로 축소했다. 60% 한도인 DTI는 50%로 축소하는 대출 규제 시행에 들어갔다.

# DTI(Debt To Income)란?

총부채상환비율, 즉 총소득에서 부채의 연간 원리금 상환액이 차지하는 비율을 말한다. 금융기관들이 대출 금액을 산정할 때 대출자의 상환 능력을 검증하기 위하여 활용하는 개인신용평가시스템(CSS:Credit Scoring System)과 비슷한 개념이다. 예를 들면, 연간 소득이 5천만 원이고 DTI를 40%로 설정할 경우에 총 부채의 연간 원리금 상환액이 2천만 원을 초과하지 않도록 대출 규모를 제한하는 것이다.

한국에서는 부동산 투기 과열에 따라, 2007년 은행권에서 투기지역과 투기과열지구에 대하여 주택담보대출에 DTI규제를 확대하였다. 소득을 적게 신고한 자영업자나 상환능력은 있지만 현재 소득이 없는 은퇴자의 경우에 불리하게 적용될 수 있다. DTI는 연간 소득에서 원리금 상환이 차지하는 비율을 나타내는 것이므로, 대출 기간을 장기로 할 경우에는 대출한도의 축소분을 상당 부분 보전할 수 있다.

# 부동산은 입지다

주위를 보면 내 집 마련에 관심은 높은데도 불구하고 선뜻 결정을 못하고 계속 고르거나 생각만 하는 사람들이 참 많다. 부동산은 첫째도 입지, 둘째도 입지다. 입지의 중요성은 아무리 강조해도 지나침이 없다는 뜻이다. 입지 좋은 매물을 찾아야 하고 싸게 사야 한다. 과연 입지란 무엇인가?

우리는 투자하기 전에 본인이 처한 상황을 먼저 파악해 놓는 것이 중요하다. 내가 처해진 상황에 따라 아무리 좋은 부동산도 독이 될 수 있다. 부동산 투자에서 중요한 최고 요점은 바로 매입가와 타이밍이다.

즉, 무조건 싸게 매입하여 적시에 매도하는 것이 최고다. 아무리 좋은 부동산이라도 너무 비싸게 사면 매도 타이밍을 놓쳐 장기간 자금이 묶이고 결국 수익률 저하로 인해 빈털터리 투자가 되지만, 쓸모없는 부동산이라도 아주 싼 값에 매입하면 언제 환금하더라도 수익을 낼 수 있기 때문에 성공적이라고 볼 수 있다.

부동산 투자 유망지역이란 곧 개발이 급격히 진행되는 초기 타이밍에 거품이 일지 않은 곳을 의미하기 때문이다. 모든 투자는 승률의 차이가 있을 뿐이지 확률 게임이다. 부동산 투자는 그나마 승률이 높은 게임인 것이다.

보통 부동산 거래를 난생처음 하는 투자자들의 경우 언론과 주위 사람들에게 부동산 바닥에 대한 부정적인 소문을 듣고는 지레 겁부터 먹어 중개업자나 브로커들이 나에게 해코지를 하지 않을까 하면서 항상 방어적인 자세로 일관한다.

그렇게 돈 되는 물건이면 자기가 사지 뭐 하러 나한테 사라고 종용하나? 하며 계속 간만 보다가 결국 기회를 날려 버린다. 부동산은 오를 지역을 사야 한다. 지금부터 오를 지역을 찾는 것은 투자자들이 해야 한다. 어디에 하면 될까? 라는 생각으로 접근하자. 대한민국 시장이 앞으로 오를까? 지금 이 순간 투자자는 돈을 벌고 있다. 그 사람들이 돈을 어떻게 벌고, 어디서 벌고 있는지 잘 찾아야 한다.

비판적 사고와 호기심을 가지고 논리적으로 봐야 한다. 집을 매매할 때와 매도할 때 유리한 타이밍을 우리가 예측해야 한다.

집을 살 때 유리한 타이밍? 팔 때 유리한 타이밍을 우리가 예측을 해야 한다. 그 조건이 맞는다고 하면 공급이 없는 지역에 투자를 하고 때로는 확실하게 오를 수 있는 종목을 선택해라.

부동산 투자를 하면서 실패를 하면 안 된다고 생각한다. 걱정스러운 것은 처음부터 사면 안 된다. 아파트 개수가 많다고 해서 중요한 게 아니라, 오를 수 있는 것을 사야 한다. 오를 수 있는 것을 잘 고르자. 왜 내리고 올랐는지를 명확하게 파악해야 한다.

그리고 부동산만큼 방대한 분야가 있을까? 건축법에 공법, 민법, 세법 등 관련 법률만 수만 가지이다. 여러분은 투자자인가? 부동산 박사인가? 복잡하기만 한 탁상머리 부동산 논문은 이제 그만 쓸 때도 됐다. 마인드와 땅을 보는 안목도 없는 사람이 백날 공법에, 세금이 얼마 나오느니 책 뒤져 가며 공부해 봐야 시간 낭비에 피 같은 돈만 갖다 버린다. 투자는 항상 전략적인 마인드로 접근해야 한다.

# 지도를
# 활용하라

어떤 지역에 대해 알고 싶으면, 지도 조사와 현장 방문, 그 지역에 사는 지인 탐문 등의 방법을 쓸 수 있다. 모르는 지역보다 자신이 아는 곳에 투자를 하는 것이 성공 확률을 높일 수 있는 방법이다. 전국을 모두 다녀 볼 수는 없다. 자신에게 맞는 최적의 투자처를 찾으려면 어떻게 해야 할까?

이때 유용한 것이 바로 지도이다. 지도를 통해 그 지역의 도로망, 교통망, 자연환경(산, 공원, 호수 등)을 파악할 수 있다. 또 자신도 미처 몰랐던 그 지역의 개발 계획, 용도 지역 등 새로운 정보를 손쉽게 얻을 수 있다. 저자는 네이버 또는 다음 지도를 활용하고 있으며 특히 카카오맵을 유용하게 잘 쓰고 있다.

부동산의 입지(교통, 편의시설, 학군, 자연환경 등) 파악을 한다. 지하철 역 및 버스정류장 위치와 부동산 수요층 및 개발 호재를 파악하자.

우리나라는 1개의 특별시, 6개의 광역시, 8개의 도, 1개의 특별자치시, 1개의 특별자치도로 구성되어 있다. 6개의 광역시와 8개의 도에는 75개의 자치시와 83개 군이 설치되어 있다. 지방을 찾을 때는 특히 인구, 일자리, 학군을 중점적으로 본다.

그런 후 투자할 가치가 있는 물건을 찾아본다. 선정한 지역에 임장을 가기 전에 전체 지도는 확실히 파악하고 가야 이해가 쉽다. 지도를 보고 관심 아파트를 파악하고 주변 아파트까지 살펴봐야 한다. 나만의 시세지도를 만들어보자.

1. 내가 선정한 지역 지도를 그려본다.

2. 아파트 단지, 평형, 매매, 전세 가격과 나온 개수를 적는다.

3. 매매가, 전세가 상승률 추이, 거래량을 체크한다.

4. 지역을 A, B 그룹으로 나누어 본다.

5. 평균 가격 차이를 조사하고 갭이 어느 정도인지 살펴본다.

6. B지역이 선정되었더라도 1~2위 아파트를 나누고 진입 타이밍을 본다.

7. 근처 공급 물량을 조사 한다.

# 정부의 부동산 정책 방향을 주시하라

## 정책의 중요성

부동산은 정책과 아주 밀접한 관계가 있다. 부동산 시장도 일반 재화와 마찬가지로 수요와 공급의 균형점에서 시장 가격이 형성된다. 역대 모든 정부가 부동산 정책에 깊은 관심을 갖고, 많은 사람들에게 좋은 영향을 미치는 방향으로 노력을 해왔다. 일 년에도 몇 번씩 새로운 부동산 정책이 발표된다.

부동산 시장에서 정부는 부동산 경기에 반응하며 대책을 세운다. 침체가 계속 되면 부양하는 정책을 놓고, 너무 열기가 올라가면 열기를 식혀야 한다. 주기적으로 규제 강화를 통한 투기 억제 정책을 펴고 또 불황기에는 거래 활성화를 위한 규제 완화 정책을 반복적으로 실시해 왔던 것이다.

정부 정책에 맞설 필요가 없으며 정책을 분석하고 대응하라. 이 세상에 부동산 투자에 대한 정답은 없고, 그 누구도 매번 정확히 맞출 수는 없다. 모든 것은 세월이 지난 후 결과만이 말해 주는 것이다. 하지만 특히 초보 투자자일수록 전문가의 말을 맹신하는 것보다는, 정부의 정책을 면밀하게 관찰할 필요가 있다.

어떠한 정책 변화에 적응하며 해결책을 만들어 꾸준히 가는 사람만이 수익을 얻는다. 확신이 들고 신중히 선택했다면 바로 실행에 옮겨야 한다.

투자자라면 실수요가 많이 찾는 부동산 위주로 투자를 해야 한다. 정부 규제에서 제외되는 부동산을 항상 찾고 그 부동산을 투자해야 한다. 정부에서 하라는 것만 하고, 하지 말라는 것은 안 하면 부동산 투자에서 실패할 확률은 거의 없다. 어쩌면 공부 자체가 무의미한 것일 수도 있다. 그러나 우리는 치열히 공부해야 한다. 확실한 건 공부하면 실패할 확률은 줄어들기 때문이다. 투자란 확률 게임이다.

## 정부 정책에 조급해하는 그들

내 지인 이야기를 잠깐 하겠다. 정부가 '2016년 11. 3 부동산 대책'을 내놓기 한 달 정도 남겨두고 내 지인 김 모 씨는 강남권의 아파트 청약에 당첨되었다. 당첨 직후 프리미엄(웃돈)이 5천~6천만 원씩 붙어 주변에 자랑을 하고 다녔다. 하지만 대책 발표 후 프리미엄이 줄어들고 매수 시장이 얼어붙기 시작했다. 2달 만에 분양가 수준으로 돌아왔다.

다른 지인 분도 마포구 아파트 분양에 당첨되었다. 프리미엄이 3천~5천만 원 붙었지만 한 달 만에 프리미엄이 떨어지기 시작했다. 2016년 12월에는 문의도 없을 뿐더러 매수자가 없었다. 인근 분양 아파트의 분위기도 마찬가지였다. 스스로 결정한 것이라 어디 하소연 할 데도 없지만 그래도 부동산 시장이 분위기가 갑자기 변할지는 몰랐다고 말했다.

2017년 하반기가 되면 뚜렷한 흐름이 보이겠지만 부동산 정책은 항상 규제와 완화를 겪어왔다. 문재인 정부의 첫 부동산 대책 '6. 19 부동산 대책 주요 내용'을 살펴보면 이렇다.

| 항목 | 내용 |
|---|---|
| 청약조정지역추가 | 경기 광명, 부산 기장, 부산 진구 등 3곳 |
| 분양권 전매제한 강화 | 서울 전체 소유권이전등기 전까지 전매금지 (강남4구는기존에전매금지) |
| 맞춤형 LTV, DTI 강화 | 조정지역 LTV 60%, DTI 50%로 하향, 잔금대출 DTI적용 (서민, 실수요자는 제외) |
| 재건축 규제 강화 | 재건축조합원 주택 공급 수 최대 3채에서 1채로 하향 (전용 60제곱미터 이하 포함 시 2개) |
| 시장질서 확립 | 합동점검 무기한 실시, 실거래가 허위신고제 활성화 |

앞으로 서울 전역에서 신축 아파트의 분양권 전매가 금지된다. 청약조정지역이 전국 37곳에서 40곳으로 늘어난다. 조정지역은 투기과열지구의 규제 중 일부만을 채택해 만든 개념이다. 재건축 조합에 대한 규제도 포함됐다. 조정지역 내에서 재건축 조합원이 분양 받을 수 있는 주택 수가 과거에는 과밀억제권역 3채, 그 밖의 지역에서는 보유 주택 수만큼이었지만 앞으로 1채(소형주택 포함 시 2채 가능)로 제한된다. 조정지역에 대한 금융 규제 역시 강화된다. 〈출처: 매일경제〉

어떠한 정책 변화에 적응하며 해결책을 만들어 꾸준히 가는 사람만이 수익을 얻는다. 확신이 들고 신중히 선택했다면 바로 실행에 옮겨야 한다.

투자자라면 실수요가 많이 찾는 부동산 위주로 투자를 해야 한다. 정부 규제에서 제외되는 부동산을 항상 찾고 그 부동산을 투자해야 한다. 정부에서 하라는 것만 하고, 하지 말라는 것은 안 하면 부동산 투자에서 실패할 확률은 거의 없다.

# 전문가가 아니어도
# 전문가를 이길 수 있다

세실과 모리스가 예배를 드리러 가는 중이었다. 세실이 물었다.

"모리스, 자네는 기도 중에 담배를 피워도 된다고 생각하나?"

모리스가 대답했다.

"글쎄 잘 모르겠는데. 랍비께 한번 여쭤 보는 게 어떻겠나?"

세실이 먼저 랍비에게 다가가 물었다.

"선생님, 기도 중에 담배를 피워도 되나요?"

랍비는 정색을 하면서 대답했다.

"형제여, 기도는 신과 나누는 엄숙한 대화인데, 절대 그럴 순 없지."

세실에게 랍비의 답을 들은 모리스가 말했다.

"그건 자네가 질문을 잘못했기 때문이야. 내가 다시 여쭤 보겠네."

이번에는 모리스가 랍비에게 물었다.

"선생님, 담배 피우는 중에는 기도를 하면 안 되나요?"

랍비는 얼굴에 온화한 미소를 지으며 말했다.

"형제여, 기도는 때와 장소가 필요 없다네. 담배를 피는 중에도 기도는 얼마든지 할 수 있는 것이지."


동일한 현상도 관점에 따라 전혀 다르게 볼 수 있다는 점. '프레임(frame)의 법칙'에 대한 예시로 자주 거론된다. 프레임(frame)이란 '창틀'이란 의미지만, 여기서는 관점이나 생각의 틀을 말한다.

여대생이 밤에 술집에서 아르바이트를 한다고 하면 사람들은 손가락질을 할 것이다. 하지만 술집에서 일하는 아가씨가 낮에 학교를 다니면서 열심히 공부한다고 하면, 사람들의 반응이 어떨까? 원하는 답을 얻으려면 질문을 달리 하라! 질문이 달라져야 답이 달라진다.

말 한마디를 바꿨을 뿐인데 정말 생각지도 못한 결과가 눈앞에 보인다. 프레임의 법칙, 살짝 뒤통수를 맞은 느낌이랄까? 참 쉬운데 그걸 어떻게 응용하느냐가 관건이다. 정말 명쾌하지만 뭔가 복잡하다. 부동산 투자자에게 접목시켜 남들이 생각하지 못하는 역발상과 관점을 바꿔서 전문가가 아니지만 전문가를 이길 수 있다.

언론에서 언급된 곳을 모두 나열하는 사람은 전문가나 고수가 아니다. 그렇다고 해서 특정 지역의 한 군데만 집중적으로 추천하는 사람이 실력 있는 전문가가 아니다. 부동산 전문가의 말이 모두 맞다고 생각하지 마라.

부동산 전문가라고 하는 사람 중에 우왕좌왕하는 사람이 간혹 있다. 그들 중에는 실제 투자하지도 않으면서 그럴 듯한 논리로 주장을 내세운다. 본인조차 이곳이 좋은지, 저곳이 좋은지 확신이 없어 투자를 못하면서 투자를 권한다는 것 자체가 코미디다. 우리가 모든 투자처에 투자를 할 수 없는 것처럼, 모든 전문가의 말을 따를 수도 없다.

# 나만의 인사이트 만들기

## 부동산 인사이트 만들기

부동산 투자를 잘하기 위해서는 꾸준한 공부가 필요하다. 처음에 누가 얼마를 벌었네, 낙찰을 받았네 하는 글들을 보거나 이야기를 들으면 조바심이 생긴다. 의욕이 충만하여 공부를 시작하지만 처음 접하는 단어에 한 번 좌절하고, 그 좌절을 이겨내며 열심히 공부했지만 막상 투자하기 직전의 불확실성과 걱정으로 덜컥 겁이 나면서 포기하는 경우를 많이 봤다. 돈 벌기가 그리 쉽지는 않다.

재건축, 재개발 단지는 신도시나 택지지구와 달리 기존 인프라 시설을 그대로 이용할 수 있고, 대부분 교통이 편리한 도심 노른자 입지에 있다는 장점이 있다. 대형 건설사들이 참여해 주변 시세를 선도하는 경우가 많아 수요자들의 관심이 높다. 여기에 일반분양 물량이 적기 때문에 희소성까지 있어 올해도 서울 내 재개발·재건축 단지는 인기를 끌 것으로 예상되고 있다. - 동아닷컴 이은정 기자

쌓인 궁금증들은 뉴스 기사 검색, 국토교통부, 시 자체 홈페이지 공신력 있는 곳에서 해결하였다. 그리고 퇴근 후엔 부동산 관련 정규 강좌를 들었다. 스터디를 통해 알게 된 지인들과 나만의 길을 개척하기 위해 노력 중이다. 확실한 건 공부하면 실패할 확률은 줄어들기 때문이다. 우리는 그래도 치열하게 공부해야 한다. 공부를 그만두는 것은 자살행위다. 지속적으로 공부하여 나만의 투자 방법 노하우를 만들자.

# 왕초보라면 매일 10분씩
# 손품을 팔아라

**부동산 시세 먼저 손품으로 알아보자.**

좋은 기회는 늘 발품을 많이 파는 사람에게 주어진다. 하지만 아무것도 모르는 초보자가 무작정 발품부터 팔면 몸이 고달프고 금세지치기 십상이다. 그래서 왕초보일수록 부담 없이 매일 10분만 손품을 파는 것부터 시작해 보자.

나에게 맞는 집을 마련하거나 투자를 하려면 많은 정보가 필요하다. 매매, 전세, 월세를 얻거나 상가, 토지 등 부동산을 사려고 할때는 먼저 원하는 부동산의 가격을 알아야 한다. 그렇다고 무작정

발로 뛰기에는 시간과 비용이 많이 든다. 다양한 정보를 효율적으로 만들어 보자. 현장 답사를 가기 전에 하루 10분이면 충분히 정보를 얻을 수 있는 인터넷 사이트를 소개하겠다.

그럼 부동산 관련 인터넷 사이트나 애플리케이션을 이용하면 부동산 가격을 정확하게 확인이 되고 급매를 잡을 수 있을까? 그렇지 않다. 사이트나 애플리케이션이 날마다 변하는 가격을 바로 수정하기가 어렵다.

부동산 시세와 정보를 쉽게 이용할 수 있지만 그곳에 실려 있는 가격이 정확하다고 맹신해서는 안 된다. 아래 사이트들은 정보의 내용이 조금씩 다를 수 있으므로 비교해 보고 이용하기 바란다.

1) 네이버 부동산 (http://land.naver.com)

  • 매매 및 임대 물건 정보, 아파트 부동산 시세, 분양정보, 부동산 뉴스 제공

2) 조인스랜드 부동산 (http://joinsland.joins.com)

  • 부동산 정보, 전세기율 높은 곳, 신도시, 분양권 안내

3) 호갱노노 (애플리케이션)

  • 스마트폰에서 쉽고 빠르게 아파트 가격을 확인 가능

4) 한국감정원(http://www.kab.co.kr)

  • 아파트 실거래 가격 지수, 통계, 부동산 조사 등

5) KB 부동산(http://nland.kbstar.com)

• (월간)KB주택가격 동향, (주간)KB주택시장 동향, 과거시세조회

6) 국토교통부 (http://www.molit.go.kr)

• 정책마당, 도로철도정책, 교통물류, 공시지가 조회, 실거래가 공개시스템 등

7) 부동산 114(http://www.r114.com), 닥터 아파트(http://www.drapt.com)

• 공급물량 확인

# 공인중개사분을
# 내 편으로 만들자

전국을 다 알 수는 없지만 나는 다른 지역을 가게 되면 지도를 보고 아파트 가격을 보곤 한다. 시간이 한정되었기 때문에 지방에 멀리 있는 물건을 조사하기 위해 가는 건 결코 쉬운 일이 아니다. 최대한 손품을 다 팔아보고 현장으로 출발하는 게 가장 좋다. 이곳저곳 여러 중개사무소에 문의를 하고 다니면 물건을 찾는 사람이 많은 것으로 착각한다. 매수문의가 많다고 생각해서 집수인이 가격을 높이거나 물건을 회수할 수가 있다. 좋은 물건을 매수하기 어려워질 수 있다.

평상시에 부동산과 친분을 잘 쌓아두는 것이 필요하다. 내가 원하는 조건의 매물이 바로 나오는 것이 아니기 때문에 급매물이 나오면 나에게 먼저 연락을 줄 수 있도록 관계를 다져야 한다. 내가 바로 매수할 수 있다는 강한 의지와 확신을 심어 줘야 가능하다. 그래야 단골 고객에게 우선적으로 연락을 준다. 그리고 급매물이 나온 시기를 확인하고 급매물로 나온 이유가 타당한지 조사를 해야 한다. 저렴하지만 오랫동안 거래가 되지 않았다면 뭔가 문제가 있을 가능성이 높기 때문이다.

왜 급매물로 나왔는지 파악이 중요하다. 급매물이 나온 이유는 다들 사연이 있기 마련이다. 이사를 가기 위해 언제까지 매도해야 한다거나, 사업자금 마련으로 급히 자금을 확보해야 하는 상황이거나, 갑자기 해외발령 또는 지방으로 이직해야 하는 이유가 있는 물건이라면 타당하기 때문이다.

초보자가 조심해야 할 부분은 가격이 저렴하다고 무턱대고 급매물을 샀다가는 큰 낭패를 볼 수 있다. 특히 매물보다 너무 싸다면 의심을 해봐야 하고 싸게 나온 이유와 중대한 하자가 없는지 등을 꼼꼼히 살펴봐야 한다.

친한 부동산 1군데만 뚫어 놔도 투자하는 데 아주 많은 도움이 된다. 급매물이 나오면 제일 먼저 나를 찾을 수 있도록 믿음을 주고 서로 상생할 수 있어야 한다. 지금부터라도 공인중개사분과 친해질 수 있도록 돈독한 관계를 만들자.

# 레버리지를 이용해라

## 타인 자본

투자를 하기 위해서는 자본이 필요하다. 내가 가진 돈이 아주 많아서 수십억 부동산을 구입하면 좋겠지만 현실은 그렇지 않다.

종잣돈 마련은 어떻게 해야 하나? 투자를 하려면 종잣돈을 마련해야 한다. 내 집 마련이든 부자든 무엇을 먼저 하는 것은 자금 사정에 따라 달라질 수 있다. 종잣돈이 많거나, 비교적 수월한 사람들은 다음과 같다. 돈이 아주 많거나, 아주 잘 벌거나, 부모가 어느 정도 보조해 준 경우엔 종잣돈 마련이 수월하다.

어느 부동산 전문가는 매년 3천만 원씩 4년만 투자해도 인생이 확 달라진다고 말한다. 3천만 원이라는 돈을 매년 만들어 내는 것은 결코 쉬운 일이 아니다. 일반 회사원 5년차 평균 월급이 세금을 제외 후 월 350만 원이라고 가정을 하자. 월급의 70%인 250만 원씩 1년을 저금해야 하는 금액이다. 하지만 자금 흐름을 플러스로 만들 수 있어야만 미래가 존재한다. 자금 흐름을 플러스로 만들려면 반드시 투자 자산이 있어야 한다.

지금 벌어서 쓰는 것만도 빠듯하고, 게다가 내 집까지 마련하려면 거지 수준인데, 어떻게 자금을 플러스로 만들라는 말인가? 대출을 활용하는 것이다. 그러나 내 집 마련 또는 내가 거주하는 비용에 대출을 최대한 받으라는 이야기는 아니다.

예를 들자면 이렇다. 내가 2억 원짜리 집을 매수하려고 한다고 해보자. 2억 원을 내 자금으로 사는 게 아니라, 대출을 받아서 구입한다. 대출을 60%를 받으면 1억 2천만 원이다. 1억 2천만 원 대출을 받으면 연 480만 원(이율 4%가정), 매월 약 40만 원의 이자를 내야 한다. 즉 8천만 원 자금만 있으면 매수를 할 수 있다.

1억 2천만 원을 투자금으로 적극 활용한다. 대출금인 월 이자 40만 원은 버리는 돈이라 생각하지 말자. 월세가 나오는 수익형 부동산에 투자를 하면 월세로 대출 이자를 갚고도 남을 수 있다. 그리고 덤으로 시세차익 목적으로 수도권 아파트 몇 채는 살 수 있다.

중요한 것은 대출의 목적과 이용 방법이고, 나에게 맞는 좋은 대출을 적극적으로 이용해야 한다. 결국 거주 비용에 모든 자금이 들어가서는 안 된다.

| 대출이용 정리 | | |
|---|---|---|
| 매매가 | 2억 | |
| 대출 | 0원 | 1억2천만 원(60%) |
| 실투자금 | 2억 원 | 8천만 원 |
| 이자(년) | 0원 | 480만 원 |
| 남은자금 | 0원 | 1억2천만 원 |
| 남은 자금으로 활용 | 재투자 불가 | 월세, 시세차익형 투자 |

매매가 불안하면 1억 6천만 원(매매가의 약 80%) 전세를 살고, 나머지 4천만 원을 투자금으로 활용하거나, 1억 6천만 원에 대한 전세 자금 대출을 활용할 수 있는 방법도 있다.

현실적으로 저자가 투자의 세계에 뛰어들 수 있었던 가장 큰 이유는, 단 한 번으로도 투자에 성공했기 때문이다. 그 자금이 자금을 낳아서 투자 시장에 계속 머물 수 있게 되는 것이다. 첫 물건에 대출을 이용해서 오히려 돈이 약 600만 원 이상 생겼고 그 다음 물건에 투자를 했다. 이 한 번이 중요하다. 단 한 번만이라도 성공하면 된다.

## 대출 조건이 좋은 경락잔금대출

부동산 경매 시장은 부동산을 시세보다 낮은 가격에 구입할 수 있는 기회의 장이다. 경매를 통해 소유권을 취득하면 등기부등본에 있는 얽히고 얽힌 복잡한 권리 관계들이 깨끗하게 정리가 된다. 부동산 경매는 등기부등본을 깨끗하게 세탁하는 효과가 있다.

경매로 낙찰받은 부동산을 담보로 대출을 받는 것을 '경락잔금대출'이라고 한다. 법원 경매를 통해 낙찰받은 부동산을 담보로 경락잔금대출을 받으면 주택담보대출에 비해서 더 많은 금액을 받을 수 있다.

주거용 아파트 및 빌라 경우 감정가의 70% 또는 낙찰가의 80% 중에서 낮은 대출 금액이 나온다. 모든 은행이 그러한 것은 아니고 같은 은행이라도 지점별로 정책이 다르므로 입찰 전에 꼭 확인해 봐야 한다. 요즘에는 대출에 대한 규제가 대폭 강화되었기 때문에 대출 비율을 너무 높게 예상하고 입찰에 참여했다가는 큰 낭패를 볼 수 있다.

일반인이 은행마다 일일이 찾아다니며 대출 상담을 받고 조건을 비교해 보는 것은 거의 불가능하다. 그래서 대출 상담사들의 도움을 받는 것도 좋은 방법이다. 여러 상담사들에게 상담 문의와 대출 한도, 이율을 손쉽게 알아낼 수 있다.

# 세금 공부는
# 필수다

부동산 관련 세법은 수시로 개정된다. 그래서 실전에 적용할 때
는 법제처 등에서 현행 법령을 반드시 확인해야 한다. 세법 조항 하
나하나를 다 외울 필요는 없다. 부동산 세법에서는 조항도 중요하
지만 그것을 어떻게 실전 투자에 활용할 수 있을 지가 중요하다.

미국의 독립선언문을 쓴 벤저민 프랭클린이 한 말이 있다.

"세상에는 피할 수 없는 두 가지가 있다. 첫째는 죽음이요, 둘째
는 세금이다."

부동산 투자에서 부과되는 세금의 종류는 다른 자산에 비해 내야
하는 세금이 많다. 부동산을 취득하면 취득세, 부동산을 보유하게

되면 재산세가 부과된다. 취득하고 매도할 때 생기는 차액에 대한 세금은 양도소득세이다.

그리고 보유하고 있는 부동산을 종합적으로 합산하여 일정 금액을 초과하면 관할 세무서에서 종합부동산세를 부과한다. 주택 공시가격 합산 금액 6억 원 이상, 1주택자일 경우 9억 원 이상일 경우 부과된다. 매년 6월 1일 현재 소유하고 있는 부동산을 기준으로 과세 대상 기준이며 줄임말로 '종부세'라고도 한다.

이때 상가는 종부세 대상이 아니다. 거기에 부가가치세와 종합소득세까지 적용된다. 그래서 어떻게 절세를 하느냐에 따라 실제로 남는 금액이 차이가 난다. 세금은 소득과 재산이 있어야 책정된다. 세금을 낸다는 것은 어느 정도 수익이 발생하는 것이고 자산이 있다는 증거다. 그래서 세금을 낼 수 있다는 것은 아깝다는 생각보다는 참으로 행복한 일이라고 본다. 종합부동산세는 '부자세'라고도 불린다.

우스갯소리 한마디를 하면 회사 동료는 미팅이나 선을 보러 갈 때 나는 종부세 내는 남자라고 소개를 한다고 한다. 상대방 반응이 어떨지 궁금하다. 그리고 재산을 많이 불려서 종합부동산세 한번 내보고 싶다는 말을 자주 하곤 한다. 진심으로 꼭 이뤘으면 좋겠다.

예금, 적금이나 주식, 펀드와 같은 전통적인 재테크 수단이 유명무실해지면서 월세가 나오는 소형주택으로 관심을 돌리는 층들이 늘어나고 있다.

수익형 부동산을 가진 사람들이면 월세 소득에 대해 세금을 내야한다. 하지만 무조건 소득세를 부과하는 것은 아니다. 연간 주택 임대소득이 2천만 원 이하인 경우 소득세를 내지 않아도 된다.

2천만 원은 부부 합산이 아니라 개인별로 적용하기 때문에 배우자와 공동명의나 배우자에게 일부를 증여할 경우 총 4천만 원까지 임대소득 비과세 적용을 받을 수 있다. 연간 2천만 원 이하의 주택임대소득 비과세 혜택은 세법 개정으로 2018년 말까지 연장되었다.

세금에 대해 아무 계획이나 대비 없이 투자한다면 수익보다 더 큰 세금을 낼 수 있다. 많이 아는 만큼 절세를 할 수 있고 수익은 증가할 것이다. 최종 수익률은 세금에서 결정된다. 투자자에겐 세금 공부는 필수다. 항목별로 좀 더 자세히 알아보도록 하자.


## 양도세


부동산 투자에 있어 가장 중요한 세금이 양노세이다. 내가 취득한 부동산을 매도할 때 생기는 차액에 대한 세금이다. 양도세를 어떻게 줄이느냐에 따라 수익에 크게 영향을 미친다.

## 양도세 신고와 납부

양도소득세는 매도인(신고자) 주소지 관할 세무서에 다음과 같은 방법으로 신고 및 납부 한다. 예를 들어 매도한 부동산 주소지는 인천이고, 매도인(신고자)이 매도할 당시의 주소지는 서울시 강남구면 서울시 강남구 관할 세무서에 신고하면 된다.

| 예정신고 | 확정신고 |
| --- | --- |
| • 양도일이 속하는 달의 말일부터 2개월 내에 신고 및 납부<br>• 납부할 세액이 1천만 원을 초과하는 경우 2개월 내에 분납 가능 | • 양도일이 속하는 다음 해 5월 중 신고 및 납부(연간 2회 이상 양도 시)<br>• 2개월 분납 가능 |

예를 들어 4월 1일에 잔금을 받고 소유권 이전을 하였을 경우, 6월 30일까지 신고 후 납부하면 된다. 신고 시기는 꼭 준수해야 하며 예정신고, 확정신고 두 번을 해야 한다. 양도소득세를 추가 부담하는 불상사가 없기를 바란다. 확정 신고는 요건이 맞는지 확인해 보고 해당되지 않으면 별도의 신고가 필요가 없다.

양도소득세는 보유 기간에 따라 그 세율이 달라지며 그 결과 적용 세율에 따라 투자 수익률이 변동한다는 점에 주의해야 한다.

| 현    행(정부안 없음) | | 개    정 | |
|:---:|:---:|:---:|:---:|
| □ 소득세율 | | □ 소득세 최고세율 인상 | |
| 과세표준 | 세율 | 과세표준 | 세율 |
| 1,200만 원 이하 | 6% | 1,200만 원 이하 | 6% |
| 1,200~4,600만 원 | 15% | 1,200~4,600만 원 | 15% |
| 4,600 ~ 8,800만 원 | 24% | 4,600 ~ 8,800만 원 | 24% |
| 8,800 ~ 1억5천만 원 | 35% | 8,800 ~ 1억5천만 원 | 35% |
| 1억5천만 원 초과 | 38% | 1억5천만 원 초과 | 38% |
| | | 5억 원 초과 | 40% |

2017년 새롭게 개정되는 양도소득세율 표이다. 5억 원 초과분에 대해서 40% 세율 구간이 신설되었다. 부동산 경기 활성화 시점에서는 다주택자에 대한 양도소득세 중과가 폐지되었다. 이번 개정안은 올 한 해 급등했던 부동산 시세가 정책에 반영되어 부동산 매매를 통한 고소득자에 대한 세제를 강화하고자 하는 취지이다.

양도세는 수익과 직결되기 때문에 부동산 투자에서 가장 중요한 것은 세금이다. 양도소득세는 계산 구조에 따라 다양한 절세 방법을 찾을 수 있다.

| 보유기간 | 주택 | 비사업용 토지 | 이외<br>(상가, 사업용 토지 등) |
|---|---|---|---|
| 1년 미만 | 40% | 50% | 50% |
| 1~2년 미만 | 6~38% | 40% | 40% |
| 2년 이상 | | 16~48% | 6~38% |

| 보유기간 | 과세 표준 구간 | 일반 세율 | 누진공제 |
|---|---|---|---|
| 주택 1년 이상<br>보유자<br>(기본세율) | 1,200만 원 이하 | 6% | – |
| | 1,200~4,600만 원 | 15% | 108만 원 |
| | 4,600~8,800만 원 | 24% | 522만 원 |
| | 8,800~1억5천만 원 | 35% | 1,490만 원 |
| | 1억5천만 원 초과 | 38% | 1,940만 원 |
| | 5억 원 초과 | 40% | 2,940만 원 |

예시〉 과세 표준이 2천만 원 인경 우: 2천만 원 * 0.15 – 108만 원 = 192만 원

양도세를 줄일 수 있는 방법은 필요비 인정 항목을 최대한 확대해 나가는 것이다. 1인당 1년 250만 원에 양도소득세 기본공제를 받을 수 있다. 여기에 아래의 필요비 항목을 추가한다면 양도세를 절감할 수 있다. 국세청 양도소득세 계산기를 활용하면 편하게 세액을 계산할 수 있다. (국세청 홈택스 https://www.hometax.go.kr)

월급쟁이 보너스 받는

PART
4

# 5가지 진짜 비결

- 다세대 빌라 투자 전략
- 아파트 투자 전략
- 부동산에서 급매물 잡는 법
- 주의해야 할 빌라
- 공매로 낙찰받은 자전거 이야기

# 다세대 빌라
# 투자 전략

## 왜 빌라 투자인가?

빌라 투자의 핵심은 무엇일까? 첫 번째는 소액투자가 가능하다. 두 번째는 미래 가치에 투자하는 것이다. 미래에 재개발이라는 호재와 교통 호재로 수익을 낼 수 있다. 원래 빌라 투자는 재건축, 재개발을 목적으로 하는 경우가 많다. 재건축, 재개발은 돈 있는 사람들의 투자 방식이라 소액투자를 시작하는 초보자에겐 추천하지 않는다. 돈이 오랫동안 묶여있을 수 있기 때문이다. 하지만 소액투자는 적은 투자 금액으로 여러 채의 집을 보유하고 늘려 나갈 수 있다.

내가 빌라 투자를 한 계기 또한 종잣돈이 부족했었기 때문이다. 나에게 가장 친숙한 부동산도 바로 주거형 건물이었다. 빌라 투자는 아파트나 상가처럼 몇천만 원의 투자금을 필요로 하지 않는다. 5백만 원~1천만 원만 확보되더라도 충분히 시작할 수 있다.

이 금액도 서민들에게는 적은 돈은 아니다. 그렇다고 몇 년 동안 열심히 모은다면 불가능한 돈도 결코 아니다. 다들 부동산 투자라고 하면 아파트나 상가, 경매를 떠올리지 빌라를 떠올리지는 않는다. 하지만 서울 주요 지역 빌라 가격은 지금까지 떨어진 적이 거의 없다.

빌라 투자가 다른 투자보다 더 수익률이 높다거나 기회비용이 적다고는 할 수 없다. 그럼에도 돈 없는 서민들이 실질적으로 투자할 수 있는 대상으로는 빌라가 거의 유일하다. 빌라는 서민 생활에 가장 필요하다. 그래서 가장 적은 투자금으로 안정적인 수익률을 거둘 수 있는 것이 바로 빌라다.

실투자금을 최소화해야 한다. 그래야 버틸 수 있고 자산의 규모를 늘려 나갈 수 있다. 현재 임대수익률이 높다고 해서 아무 빌라나 사면 안 된다. 단 임대수익률이 높거나 논이 늘어가지 않는 부피 투자, 돈이 오히려 남는 플러스피 투자 구조면 예외이다. 그래도 떨어질 지역은 무조건 피해야 한다.

투자에서 수익률만큼 중요한 것이 환금성이다. 환금성이 없는 곳에 투자를 한다면 돈이 급하게 필요할 때 물건을 못 파는 경우가 있다. 평소에는 높은 시세를 유지하고 있다가, 막상 팔려면 팔리지 않거나 아주 낮은 가격이 아니면 매수자가 나타나지 않는다. 평소에 수요가 활발한 거래가 많은 곳에 투자를 해야 한다. 그래야 적정가격을 받고 매도할 수가 있다.

무엇보다 많은 경험이 성공 확률을 높여준다. 그러므로 앉아서 궁리만 하지 말고 지금 당장 좋은 물건을 찾고, 현장에 나가서 실전 경험을 쌓길 바란다.

다세대 빌라 투자는 과연 정답인가? 빌라 가격은 오르지 않는다, 잘 팔리지 않는다. 시간이 지나면 수리비도 많이 든다. 그래서 투자를 해 본 분들이면 빌라 투자는 절대 하지 말라는 분도 있었다.

실제로 빌라 가격의 상승폭은 아파트에 비해 크지는 않지만 그렇다고 빌라 투자를 절대로 하지 말라는 건 아니다. 진짜 큰 부자가 되려면 처음부터 폭발력이 큰 놈에 투자를 해야 한다. 그러려면 토지에 투자해야 한다. 하지만 초보자가 접근하기엔 현실적으로 쉽지 않다. 5년, 10년, 100년이 걸릴 수 있다. 완전히 잊고 살아야 한다는 것이다.

빌라 투자에 실투자금 5천만 원 이상 들어가는 건 추천하지 않는다. 빌라보다 가격 상승폭이 큰 수도권 아파트를 충분히 구입할 수 있기 때문이다. 빌라는 소액으로 투자할 수 있는 수익형 부동산이다. 잘하면 내 돈 한 푼도 안들이고 월세를 꼬박꼬박 받을 수 있다.

성공적인 빌라 투자를 위한 몇 가지 조건은 이렇다. 초보 투자자라면 단위가 작은 빌라로 투자를 시작하길 권한다. 저평가된 지역, 역세권, 초, 중, 고등학교, 생활편의시설과 가까운 곳을 노리자.

## 빌라 투자의 장단점

빌라 투자를 하는 당신이 갖고 있어야 할 생각은 무엇인가? 매입 시점 때 싸게 사고, 보유기간 동안 임대 수익을 충분히 내고, 매도 시점 때 보너스로 조금만 올라 준다면 아주 성공적인 투자다. 임대 수익이 목적이지만 오를 물건을 찾고 투자를 해야 한다. 즉 수요가 많은 빌라를 발품을 이용해 많이 봐야 한다.

### 1) 빌라 구조에 대한 이해

천차만별이다. 베란다 유무와 조망, 채광, 베란다 앞이 막혔는지 살펴본다. 전용 11~13평도 방 3개를 만늘 수 있다. 미닫이문으로 방 3개인 경우와 방 2개인 경우도 있다.

## 2) 빌라 연식에 대한 이해

1990년대 빌라 : 고생을 많이 할 수 있다.

수리비가 별도로 든다고 봐야 한다.

임대수익률은 가장 좋을 수 있다.

2000년대 빌라 : 가장 무난하게 접할 수 있는 물건이다.

엘리베이터가 거의 없으며 수리를 안 하는 경우
도 많다.

2010년대 빌라 : 거의 신축이다. 깨끗한 만큼 경쟁률도 높다.

엘리베이터, CCTV, 택배보관함 등이 거의 다 갖
추어져 있다.


빌라 투자로 큰 부자가 될 수는 없다. 하지만 평범한 월급쟁이가 소액투자로 경제적 자유를 이룰 수 있는 첫 시작점이라고 볼 수 있다. 그리고 경기도권 빌라들에 비해 서울권 빌라들이 가격 상승폭이 더 크다.

입지, 연식, 구조, 인근의 학교단지나 편의시설, 누가 봐도 좋은 물건이면 무조건 경매 낙찰가율은 고가로 될 확률이 높다. 그래서 어느 정도 경험이 있으면 스트레스를 안고 입찰을 들어가야 한다. 그래야 고수익이 난다. 경매는 깨끗한 물건만 사는 게 아니다.

# 빌라 투자 이것만큼은 조심 하자!

### 1) 시세파악의 리스크

입지와 구조가 모두 제각각에 신축 연도도 다르고, 건축 자재에도 차이가 난다. 아파트보다 더 많은 발품이 필요하다. 경매 물건과 비슷한 구조, 연식, 면적을 가진 인근 빌라를 눈으로 직접 확인하면서 크로스 체크를 해야 한다.

### 2) 환금성의 리스크

아무리 저렴하게 낙찰받았다고 해도, 매도를 하지 못하면 수익이 나지 않는다. 따라서 임장을 할 때 이 물건을 얼마에 매도할 수 있겠다는 확신이 서야 한다.

### 3) 월세를 수입으로 생각하지 말자.

대출 이자를 제외 후 순수익 25만 원이 남는 월세가 있다. 첫 월세를 받을 때의 심정은 모든 세상을 다 얻은 듯 정말 뿌듯했다. 하지만 월세 투자의 함정이 있다. 차곡차곡 쌓인 월세에 손을 대는 경우다.

월세가 나온다고 해서 조금씩 빼서 쓰다 보면 흔적도 없이 사라져 버린다. 알뜰한 소비 습관을 길들이고 월세는 없다고 생각하는 게

마음이 편하다. 또 다른 투자를 위한 비상금 통장이다. 직장인이면
월세 수입이 없어도 살아갈 수 있다. 절대 월세는 건드리지 말자.

여기서 잠깐만 팁 주거용 소액투자의 기본원칙

- 오래 보유할 수 있는 물건(입지, 선호도)
- 돈이 들지 않는 투자(전세가율 높은 곳)
- 수급이 불안하지 않은 지역
- 20~30평(24평이 주력)
- 싸게 사야 한다(급매, 경매, 공매, 비수기)

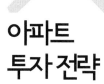

# 아파트
# 투자 전략

## 아파트 갭 투자란?

매매가와 전세가의 차액만 내 돈이 들어가는 방법이다. 매매가와 전세가의 차액이 작고 향후 시세차익이 기대되는 물건일 경우에 활용하면 좋다.

용어정리

- 매도 : 값을 받고 물건의 소유권을 다른 사람에게 넘김. '팔아넘김'으로 순화

- 매수 : 물건을 사들임. '사기', '사들이기'로 순화

• 전세가율 : 매매가 대비 전세가를 의미한다. 예를 들어 24평형 아파트의 매매 가격

이 1억 원인데 전세가격이 8,000만 원이면 전세가율은 80%이다.

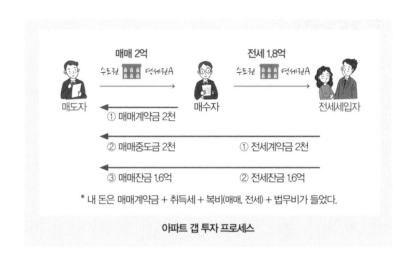

* 내 돈은 매매계약금 + 취득세 + 복비(매매, 전세) + 법무비가 들었다.

**아파트 갭 투자 프로세스**

위 그림은 매매 후 전세를 내놓는 일명 갭 투자 프로세스이다. 사실 갭 투자라는 말은 최근에 생긴 단어이다. 갭 투자란 전세가율(매매가 대비 전세가 비율)이 높은 지역에서 전세를 끼고 적은 돈으로 집을 구입한 뒤 되팔아 시세차익을 노리는 투자 방식이다.

집값이 가파르게 오르며 월세 수익보다 매매 시세차익을 노리는 게 유리하다는 인식이 확산되면서 전세금을 목돈으로 해 다른 부동산을 매입하려는 집주인이 늘며 물량 증가에 영향을 미쳤다. 예를 들어 수도권에 있는 24평 아파트를 2억 원에 매매를 하고, 전세 1억

8천만 원에 계약했다고 가정해 보자. 최초 매수자는, 매매가 보통 10%로 계약금 2천만 원을 입금한다.

그리고 잔금일은 최대한 길게 잡는 것이 좋다. 필자는 보통 잔금 일을 3개월 정도로 여유 있게 잡는 편이다. 이 부분은 매도자, 부동산 중개인과 협의를 잘 하면 된다. 계약금 입금 후 매매 중도금을 원하는 곳도 있지만 꼭 필수 사항은 아니다. 그 동안에 전세 세입자가 구해지면, 전세 세입자는 보통 10%로 전세 계약금을 입금하게 된다.

갭 투자는 전세금 상승분으로 집을 또 사면서 자산을 늘려가는 투자다. 일정한 시점까지 장기적인 비전과 플랜을 가지고 가야 한다.


## 실수요자인데 어떤 것을 사면 좋을까?

내 주변에서 집을 사야 하나, 아니면 전세로 살아야 하나 고민하는 사람들을 무수히 봤다. 집을 사면 언젠가는 집값이 떨어질 것 같나. 전세로 살자니 전세 계약 만료 시점에는 너 선세금을 올려서 주지 않을까? 걱정이 먼저 앞선다. 집을 사도 걱정이고, 전세로 살아도 걱정이다.

우리는 대부분 이렇게 불안한 주거 환경 속에서 살아간다. 그렇다면 실거주를 하면서 투자가치가 있는 부동산이라는 것은 무엇인가? 여기에 대한 대답은 정말 어렵다. 실수요라는 것은 개인에 따라 취향이 너무 다르다. 쉽게 생각해 보자.

주거용 대상은 재건축, 신규 아파트, 구옥 아파트, 빌라, 오피스텔로 봐 보자. 재건축에 들어가서 살자니 너무 허름하고 신규 아파트로 가고 싶지만 분양가가 너무 비싸다. 빌라, 오피스텔은 주거 환경이 떨어지고 그렇다면 구옥 아파트를 봐 보자. 우리는 중요한 포인트만 기억하자.

## 전세가율 높은 소형 아파트

좋은 부동산은 오랫동안 갖고 있으면 어느 순간 폭발이 일어난다. 전세가율이 높은 아파트가 투자가치가 높다. 전세가는 시장에서 한 번 형성되면 잘 내려가지 않는 특성이 있다. 물론 갑자기 수천만 원 오른 아파트라면 다시 떨어질 수 있지만 부동산 시장에서 수요와 공급의 법칙에 의해 정해진 전세가는 웬만해서 떨어지지 않는다.

임대 수요가 많은 지역의 소형 주거용 부동산을 꾸준히 매입하는 것이다. 팔지도 않고 대출도 받지 않는다. 때를 기다리면 기회가 온다. 좋은 투자는 어려운 싸움을 이기는 것보다는 이길 만한 싸움을 지속하는 것이다. 어떤 분은 경매, 상가, 빌라, 오피스텔, 호텔, 아파트, 다가구, 토지, 공장형 아파트, 분양권, 재개발, 재건축 등등 다 경험했다고 하는 분들이 계시는데 모두 다 잘하기는 어렵다. 대부분은 그중 특별히 잘하는 전공 분야가 있고 수익이 잘 나오는 분야가 있다. 젊어 고생은 사서도 한다지만, 투자 고생은 안 할수록 좋다.

아파트의 가격 결정 요소는 수요와 공급, 정책, 인구 유입, 일자리, 호재, 입지 등 복합적인 요소가 있지만 공급이 많아지면 자연스레 가격이 떨어진다. 주변 입주 계획이 없거나, 물량 위협이 미미한 곳에 들어가면 된다.

특히, 만기 등으로 세입자 구하는 시점이 입주 물량 시점과 겹치지 않게 해야 한다. 지방은 자신 없으면 피하는 게 좋다. 우리는 직장인이고 시간이 없는 사람이다. 지방 투자를 위해 주말마다 서울에서 경상도까지 몇 차례씩 왕복하다간 체력과 시간 소비가 더 클 수 있다. 초보자는 일단 지방은 나중에 관심을 가져도 된다.

## 아파트 1층 vs 로얄층

사람들이 선호하는 아파트의 로열층은 '중간보다 높은 층'이다.

초고층 아파트의 경우 층이 높을수록 로열층 대접을 받는다. 그러나 1층과 최고층은 기피하는 층수다. 1층은 햇볕이 잘 들지 않는다는 점과 사생활 침해에 따른 불편함이 크다. 방범에 취약하다 보니 별도의 방범창을 설치해야 하고 배수관 역류나 하수구 냄새, 벌레가 많다는 것도 1층 거주자들이 꼽는 불만 중 하나다.

필로티로 설계된 아파트의 경우 2층 높이에 1층이 들어서면서 1층의 단점이 개선되기도 했다. 그러나 필로티와 맞닿은 세대는 외기 접촉이 많기 때문에 바닥 단열이 부실한 경우 겨울에 춥고 결로, 곰팡이 등의 문제가 있을 수 있다.

반면에 일부러 1층 집을 찾는 사람들도 있다. 층간 소음으로 인한 분쟁이 갈수록 심해지는 가운데 한창 뛰어 놀 어린 자녀들이 있는 가정은 층간 소음에서 자유로운 1층을 선호한다. 엘리베이터를 기다리지 않아도 된다는 점도 큰 장점이다.

이는 등교나 출근을 하는 바쁜 아침 시간에 빛을 발한다. 일상적으로 자주 처리해야 하는 음식물 쓰레기, 분리수거를 할 때도 마찬가지다. 또 새로 짓는 아파트들은 주차장을 모두 지하화하고 지상에 차가 없는 단지로 조성하다 보니 그만큼 녹지공간이 넓어져 1층의 장점이 커지기도 했다.

내 집 바로 앞에 풀과 나무가 있는 정원을 가진 셈이다. 서울 목동에 있는 어느 아파트 1층을 보니 정원을 텃밭으로 꾸미고 사는 곳도 있었다. 상대적으로 집값이 저렴하다는 것도 1층의 메리트로 볼 수 있지만 차후 되팔 때 시간이 오래 걸리고 고층에 비해 제값 받기가 어렵다는 점에서 본전 정도로 생각하면 된다. 각각 장단점이 있으니 유의하기 바란다.

## 수도권 역세권 중소형 아파트 공략

부동산은 잔머리를 굴리면 안 된다. 한 덩어리로 계속 모아라. 푼돈처럼 쓰면 안 된다. 계속 더 많은 돈을 끌어 모아서 활용해야 한다. 그 종잣돈을 모으며 계속해서 아파트 개수를 늘려 나가야 한다.

투자를 하기 전에 그 동네 아파트에 가서 관찰자가 되어라. 그 동네에서 밥도 먹어보고 커피도 마셔보면서 분위기를 맘껏 느껴봐라. 그래프 통계처럼, 과거 데이터를 분석하고 미래 예측에 시간을 많이 할애하지 말고 현장에 가서 사람들의 이야기도 들어 보고 그곳에서의 생활 면면을 실거주 입장에서 느껴보자.

부동산은 개인과 개인 싸움이다. 일반 개미보다 조금만 더 공부하면 된다. 호기심을 가지고 사람들의 삶을 알아 가라. 세상에 헛된 노력은 없다. 계속 도전하다 보면 감이 잡힌다.

투자에는 순서가 있다. 물론 처음부터 자금이 넉넉하여 서울 중심권에 '똘똘한' 아파트만 한 채씩 매매할 수 있다면 더할 나위 없다. 하지만 우리는 투자금이 부족하다.

열심히 모아도 5천만 원, 1억 원 이상씩 모을 수 있는 분들이 과연 얼마나 될까. 그렇다면 내 월급으로 열심히 모은 최소한의 자금으로 수도권에 똘똘한 소형 아파트를 매입해 보자.

개수를 늘린 후 어느 정도 만족할 만한 개수를 만들었다면 그 자본이 만들어 주는 수익으로 서울 중심에 더 좋은 아파트를 투자하는 게 낫다.

## 아파트 조사 방법

먼저 네이버, 다음 부동산에 검색 후 전화로 사전 조사를 한다. 전화 통화는 두 가지 방법으로 하면 된다. 첫 번째는 매수자 입장이다. 쉽게 말하면 내가 아파트를 매수한다는 생각으로 여러 가지를 물어 보면 된다.

### 1. 답사 전 조사
- 국토교통부 실거래가, KB부동산, 네이버 부동산을 이용해 시세 파악
- 공인중개사에 전화해서 시세 체크

- 임장 물건 이동 동선 파악

## 2. 현장에서의 조사

- 부동산 공인중개사의 성향을 파악하여 자연스럽게 질문

- 부동산에서 인근 비슷한 물건 시세 파악

- 임장 물건의 장/단점 파악

- 초중고 거리, 교통 입지, 교육 환경, 주변 상권, 편의 시설, 개발 호재, 유해 시설 등

## 3. 답사 후 조사

- 임장 내용 정리하기 (임장보고서 필수)

- 다른 지역과 비교 평가 및 내가 살고 싶은 곳인지 가치평가

---

**여기서 잠깐만팁**　　　　　　　　　　　　　선 수 관 리 비 와　장 기 수 선 충 당 금

### 선수관리비란?

아파트 관리비를 충당하기 위하여 집주인에게 관리 비용을 부과한 비용이다. 통상적으로 아파트가 매매될 때 매도인이 관리사무소에게 확인내역서를 받아 매수인에게 제출하면 매수인은 매도인에게 지급한다. 나중에 아파트를 매도할 때 똑같은 일정 금액을 매수인한테 받아 나가는 것이다.

### 장기수선충당금이란?

아파트 내 엘리베이터나 수리나 교체, 외벽 도색 등 건축물의 안전화를 유지 관리하기 위해 징수하는 특별관리비로 임대인이 내도록 되어있다. 하지만 세입자가 있을 경우 아파트 관리비에서 일단 세입자가 사는 동안 관리비에서 내고 임대차 종료 시 이사 나갈 때 집주인한테 돌려 받는 것이다.

# 부동산에서
# 급매물 잡는 법

## 부동산에 방문하기

백문불여일견(百聞不如一見)이라고 직접 자신의 눈으로 확인을 해 봐야 한다. 부동산을 방문한다고 해서 뭐든 투자 정보를 얻는 건 아니다. 이때 양심적이고 친절한 부동산을 만나면 행운이지만, 그렇다고 호의적이지도 않다. 부동산을 비하하는 발언은 아니니 절대 오해 없길 바란다.

그 부동산 중개인들은 그 지역의 전문가일 뿐, 다른 지역에 대해서는 상대적으로 잘 모르는 경우가 있다. 보통 사람들은 자신의 입장에서 세상을 바라보기 때문에 정보의 균형성이라는 면에서 취약하다.

진짜 급매물을 찾는 가장 확실한 방법은 중개소 사장님을 내 편으로 만드는 것이다. 진짜 매수하겠다는 의지를 남기고 믿음을 줘야 한다. 급매물은 주로 비수기 때 나온다. 하지만 대기 매수자들이 더 싼 매물을 찾으려고 기다렸다가 적정 타이밍을 놓치는 경우도 많다. 실거래가를 파악하고 여러 부동산으로 발품을 팔아야 한다. 진짜 급매물이라고 판단되면 과감히 베팅해야 한다.

**여기서 잠깐만팁**                    **부동산에서 급매물 잡는 법**

1) 공인중개사 분하고 친해져라.
2) 매너 있고 좋은 인상을 남겨라.
3) 물건 찾는 의뢰를 해 두고, 중간중간 계속 연락한다.
4) 단점을 지적하지 말라(감정싸움 금물).
5) 수수료 더블, 입금가로 공략한다.
6) 정말 좋은 건 부동산이 직접 찍는 경우도 있다.
7) 진짜 좋은 건 잘 안 푼다.
8) 확약서를 써 드려라(마음에 드는 곳은 수수료로 계약금 맡기고 나오기)
ex) 내가 원하는 조건으로 계약이 이루어질시 '법정수수료 외에 일부 드린다'는 내용을 기재해서 도장도 찍어놓고 말도 그럴싸하게 적어 놓고 드리는 성의와 신뢰를 보여라.

# 주의해야 할 빌라

빌라는 아파트보다 더 입지가 좋아야 한다. 아파트처럼 시세가 책정된 게 아니기 때문에 정말 많은 발품을 팔아야 한다. 시세차익이 메인 목적이 아니다.

빌라에 투자했다가, 상가에 투자했다가, 아파트에 투자했다가, 토지에 투자했다가 여기저기 기웃거려봐야 단발성 투자에 그치게 된다. 잘못하다 자금만 묶이는 경우도 봤었다.

초보 투자자라면 우선 작은 물건부터 시작하기를 권하고 싶다. 기초부터 차근차근 공부하다 보면 자신에게 맞는 투자처와 방법을 알 수 있다. 물건을 잘 선별해야 하는데 받지 말아야 할 빌라가 있다.

빌라의 장점은 무궁무진하다. 하지만 단점도 분명히 있다. 정말 가격이 싸다고 무턱대고 산 빌라는 사는 순간 골칫덩이가 된다.


## 미납된 누수가 있었던 빌라


서울시 서대문구 연희동에 있는 미납된 빌라였다. 먼저 미납된 이유는 여러 가지 이유가 있는데 크게 3가지이다.

첫 번째는 대출이 안 나와서다. 전액 현금으로 부동산을 취득하는 사람은 거의 없다. 어떠한 이유로 생각한 만큼의 대출이 나오지 않는 경우가 있다. 적게 나오는 이유는 간혹 거래가 적은 아파트인 경우, 방 공제율로 인한 경우, 그리고 개인 신용도에 따라 달라 질 수 있다.

두 번째는 시세를 잘못 파악하여 오버슈팅으로 금액을 높게 가져간다.

세 번째는 집에 중대한 하자가 생겨 집에 문제가 있는 경우가 있다.


다음은 입찰을 고려했던 물건이었다.

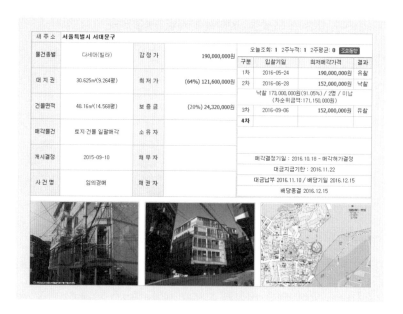

| 새 주 소 | 서울특별시 서대문구 | | | | | | |
|---|---|---|---|---|---|---|---|
| 물건종별 | 다세대(빌라) | 감 정 가 | 190,000,000원 | 오늘조회: 1 2주누적: 1 2주평균: 0 조회동향 | | | |
| | | | | 구분 | 입찰기일 | 최저매각가격 | 결과 |
| 대 지 권 | 30.625㎡(9.264평) | 최 저 가 | (64%) 121,600,000원 | 1차 | 2016-05-24 | 190,000,000원 | 유찰 |
| | | | | 2차 | 2016-06-28 | 152,000,000원 | 낙찰 |
| 건물면적 | 48.16㎡(14.568평) | 보 증 금 | (20%) 24,320,000원 | 낙찰 173,000,000원(91.05%) / 2명 / 미납 (차순위금액: 171,150,000원) | | | |
| | | | | 3차 | 2016-09-06 | 152,000,000원 | 유찰 |
| 매각물건 | 토지·건물 일괄매각 | 소 유 자 | | 4차 | | | |
| 개시결정 | 2015-09-10 | 채 무 자 | | 매각결정기일 : 2016.10.18 - 매각허가결정 대금지급기한 : 2016.11.22 | | | |
| 사 건 명 | 임의경매 | 채 권 자 | | 대금납부 2016.11.10 / 배당기일 2016.12.15 배당종결 2016.12.15 | | | |

나는 미납된 물건을 관심 있게 보는 편이다. 오히려 평범한 물건에 비해 경쟁률이 덜하거나 관심을 덜 받을 수 있기 때문이다. 아파트가 아닌 빌라가 미납이 되면 아파트보다 더욱 조심해야 할 부분이 많다. 오래된 탑층 빌라는 옥상 방수 처리가 잘 되지 않아 누수가 빈번하게 일어날 수 있다.

원인 모를 집에 하자들이 돌발 변수들이 많이 생기는 편이다. 해당 물건 주변으론 대학교와 병원 홍대 상권하고도 가깝기 때문에 수요는 있을 것이라고 생각하고 현장 답사를 갔던 물건이었다.

일부러 임차인이 집에 있을 법한 시간인 일요일 저녁에 물건지를 다녀왔다. 미납된 이유를 파악해야만 입찰할 수 있기 때문이다. 동네 분위기를 파악하기 위해서 버스 정류장에서 내리고 도보로 쭉 걸어 올라갔다. 점점 들어가면 갈수록 골목이 좁아지고 경사가 심해졌다. 저녁이 되고 어두워지고 있었다.

여자 혼자서 다니기에는 무서운 동네였다. 그리고 버스를 타기 위해서 15분 걸어 가야 하고, 지하철 정거장까지는 버스로 몇 정거장 가야하는 안 좋은 위치였다. 내가 생각한 연희동이 아니었다.

낙찰을 받아도 나중에 매도가 전혀 안 될 것 같았다. 월세가 저렴한 맛에 사는 사람도 있겠지만 이 물건을 매수해 줄 사람은 절대 보이지 않았다. 입찰은 과감히 안 하는 걸로 마음 먹었다. 역시 현장에 직접 와 봐야 알 수 있다. 그래도 여기까지 왔으니 미납된 이유를 알아가고 싶었다. 이 집은 소유자가 가족과 거주하고 있었다. 드디어 해당 물건지에 도착했다. 집 내부에서 사람 소리는 들리고 저녁 식사 준비를 하는 듯하였다. 벨을 띵동 눌렀다.

**임차인 : 누구세요?**

50대의 중년 남성 임차인이 나를 미리 기다리고 있었다는 듯이 너무 쉽게 집으로 들어오라고 한다.

나 : 안녕하세요. 법원 경매로 현장 조사 나왔습니다. 5분이면 되는데 잠깐 시간 괜찮으신지요?

임차인 : 뭐가 궁금해요? 여러 사람들이 집을 보러 많이 왔었고 있는 그대로 다 말을 하리다. 기존 임차인이 보증금 5천만 원 월세 30만 원에 살고 있었어요. 주변 시세보다는 아주 저렴하게 말이지요. 하지만 임차인이 이사를 나간 후 세가 안 들어오네요. 보다시피 이 집에 오려면 한참 언덕길을 올라와야 하고 한여름에는 땀을 삐질삐질 흘리고 와야 합니다. 그리고 교통이 너무 불편해요. 여기는 월세 저렴한 맛에 들어오거나 나이 드신 분들 밖에 없어요.

옆에서 사모님도 한 말씀을 한다.

임차인 부인 : 그리고 이 집에는 문제가 많아요~. 베란다 천정에 누수가 있어 수리비만 7백만 원 정도가 발생했어요. 비가 오면 물이 줄줄 새서 양동이를 받치고 있네요. 수시로 깨끗이 벽을 자주 닦는데도 불구하고 집안이 너무 습해서 곰팡이가 자주 끼고 도배를 여러 번 했어요. 그런데 누수 공사를 했는데도 불구하고 비가 오면 물이 줄줄 새네요.

베란다 누수 부분을 나에게 친절히 알려준다.

**임차인** : 어이 젊은 양반. 천정 수리비랑 이사 비용으로 1천 5백만 원을 줘야지 이사를 나갈 수 있어요.

강력히 나에게 말했다. 그리고 임차인은 최악의 경우 강제집행까지 가야 할 사항으로 보였다. 교통이 너무 불편했고, 시세 조사를 잘못하여 높은 낙찰가를 썼고, 집안에 원인을 알 수 없는 누수가 가장 큰 문제점이었다. 역시 답은 현장에 있었고 미납된 이유를 알 수 있었다.

## 제2종 근린생활시설

최근 빌라 중 일부 층을 근린생활시설로 허가받은 후 이를 주택으로 매매하거나 세를 놓는 사례가 적지 않다. 본래 주거용으로 사용할 수 없는 공간을 무단 용도변경 한 것이다.

경매 물건으로도 종종 나온다. 표시는 "공부상 용도는 제2종 근린생활시설(사무소)" 이렇게 볼 수 있다.

초보자들은 아무것도 모르고 낙찰을 받고 뒤늦게 후회하는 주변 사람들을 봤다. 저자 또한 경매 입문 시절 일반 물건보다 임대 수익이 높고 좋은 입지 때문에 임대 수익으로만 접근하고 입찰까지 한

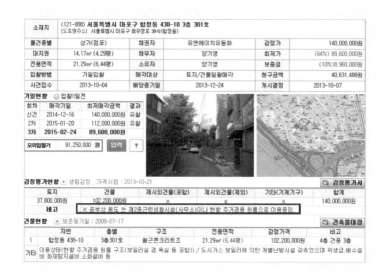

| 소재지 | (121-888) 서울특별시 마포구 합정동 430-10 3층 301호 [도로명주소] 서울특별시 마포구 희우정로 30-6(합정동) | | | | | | |
|---|---|---|---|---|---|---|---|
| 물건종별 | 상가(점포) | 채권자 | 유앤에이치유동화 | | 감정가 | | 140,000,000원 |
| 대지권 | 14.17㎡ (4.29평) | 채무자 | 양기영 | | 최저가 | | (64%) 89,600,000원 |
| 전용면적 | 21.29㎡ (6.44평) | 소유자 | 양기영 | | 보증금 | | (10%) 8,960,000원 |
| 입찰방법 | 기일입찰 | 매각대상 | 토지/건물일괄매각 | | 청구금액 | | 40,631,488원 |
| 사건접수 | 2013-10-04 | 배당종기일 | 2013-12-24 | | 개시결정 | | 2013-10-07 |

**기일현황** ▸ 입찰8일전

| 회차 | 매각기일 | 최저매각금액 | 결과 |
|---|---|---|---|
| 신건 | 2014-12-16 | 140,000,000원 | 유찰 |
| 2차 | 2015-01-20 | 112,000,000원 | 유찰 |
| 3차 | 2015-02-24 | 89,600,000원 | |
| 모의입찰가 | 91,250,000 원 | 입력 ? | |

**감정평가현황** ▸ 성림감정 · 가격시점 : 2013-10-21  감정평가서

| 토지 | 건물 | 제시외건물(포함) | 제시외건물(제외) | 기타(기계기구) | 합계 |
|---|---|---|---|---|---|
| 37,800,000원 | 102,200,000원 | | | | 140,000,000원 |

비고
※ 공부상 용도 는 제2종근린생활시설(사무소)이나 현황 주거겸용 원룸으로 이용중임.

**건물현황** ▸ 보존등기일 : 2008-07-17  건축물대장

| | 지번 | 층별 | 구조 | 전용면적 | 감정가격 | 비고 |
|---|---|---|---|---|---|---|
| 1 | 합정동 430-10 | 3층301호 | 철근콘크리트조 | 21.29㎡ (6.44평) | 102,200,000원 | 4층 건중 3층 |

기타  이용상태(현황 주거겸용 원룸 구조(보일러실 겸 욕실 등 포함)) / 도시가스 보일러에 의한 개별난방시설 갖추었으며 위생급,배수설비 화재탐지설비 소화설비 등

물건이었다. 결국 패찰했지만 나에겐 정말 천만다행이었다. 실 거
주로 평생 살 것 아니면 투자자는 이런 물건은 추천하지 않는다.

그 당시에 감정가는 1억 4천만 원이지만, 제2종 근린생활시설
이라 시세 파악이 어려웠다. 실제로 매매 가격은 1억 원 정도로 부
동산에서 다같이 말을 했다. 월세는 보증금 2천만 원에서 월세
40~45만 원 정도였다. 내부는 부재중이라 볼 수는 없었다. 부동산
에서도 추천하지 않았다. 그리고 나중에 매도할 때 정말 팔리지 않
고 대출이 안 나온다는 큰 단점이 있다. 근린생활시설은 주거 시설
이 아니기 때문에 각종 세법에도 불리한 점이 많다.

일반 주택은 취득세율이 1.1%인 것에 반해 상업용 건물인 근린생

활시설은 매입가의 4.6% 취득세를 내야 한다. 또 일반 주택은 일정 기간 이상 소유하면 양도소득세 비과세 혜택을 받을 수 있지만, 근린생활시설에는 이런 혜택이 없다.

재산세 역시 주택보다 최대 3배 가량 많다. 근린생활시설을 주거용으로 사용하는 것은 엄연한 불법이기 때문에 적발 즉시 원상복구 명령이 떨어지고 이를 바로 잡지 않을 경우 시세의 10%에 해당되는 이행강제금을 내야 한다.

이행강제금은 최대 연 2회씩 위반사항이 개정되지 않는 한 계속 부과할 수 있다. 이 때문에 적발 시 위반 시설물을 없애지 않는 한 이행강제금을 계속 내야 하고, 이를 체납할 경우 해당 부동산을 압류 당할 수도 있다. 실제 이 물건도 압류가 걸려 있었다. 2010~2012년에 마포구 건축과에 압류되었던 이유는 이행강제금을 내지 않아서였다.

| 구분 | 성립일자 | 권리종류 | 권리자 | 권리금액 | 상태 | 비고 |
|---|---|---|---|---|---|---|
| 갑1 | 2008-07-17 | 소유권 | 박향미 | | 이전 | 보존 |
| 을1 | 2008-07-25 | 전세권 | 김영선 | 50,000,000원 | 소멸기준 | |
| 갑2 | 2008-07-25 | 소유권 | 양기영 | | 이전 | 매매 |
| 을2 | 2008-07-25 | (근)저당 | 하나은행 | 46,800,000원 | 소멸 | |
| 갑3 | 2010-05-07 | 압류 | 서울특별시마포구 | | 수멸 | (건축과-7294) |
| 갑4 | 2011-07-29 | 압류 | 서울특별시마포구 | | 소멸 | (건축과-13456) |
| 갑5 | 2012-04-16 | 압류 | 서울특별시마포구 | | 소멸 | (건축과-6370) |
| 갑6 | 2013-07-09 | 가압류 | 우리은행 | 20,488,389원 | 소멸 | |
| 갑7 | 2013-10-07 | 임의경매 | 하나은행 | 청구: 40,631,488원 | 소멸 | 2013타경19720 유엔에이치유동화 |

건물 등기부현황 ▶ 건물열람일: 2013-10-16    🔍 등기부등본열람

건축주가 빌라 일부 층을 근린생활 시설로 건립 신청하는 것은 최대한 세대수를 늘려 개발 이득을 얻기 위해서이다. 주택건설기준 등에 관한 규정과 주차장법에 따르면 서울시에서 다세대 주택 1호당 반드시 설치해야 할 주차대수는 전용면적 85㎡ 이하는 시설면적 75㎡당 1대, 전용면적 85㎡ 초과는 시설면적 65㎡당 1대다.

그러나 근린생활시설의 경우 시설면적 200㎡당 1대이기 때문에 근린생활시설로 허가 받을 경우 상대적으로 적은 주차장 면적으로 높은 층을 올릴 수 있게 된다.

문제는 준공 후 사용승인을 받은 뒤 이를 멋대로 주거용으로 개조해 분양하는 사례가 적지 않다는 것이다. 서울시에 따르면 무단 용도변경 적발 건수는 2014년 627건에서 2015년은 786건으로 늘었다. 근린생활시설은 꼭 피해야 할 물건이다.

| 구분 | 근생빌라 현장조사 summary |
|------|---------------------------|
| 용도 | 공부상 용도는 제2종근린생활시설(사무소)이나 현황 주거겸용 원룸으로 이용중. 흔히 말하는 '위반건축물'이라고 한다.<br>그렇다고 불법건물은 아니고, 건축허가 받았을 때와 현재 상황이 사용 용도 또는 면적, 구조 등이 다른 형태이다. |
| 장점 | 1) 건축물대장에 위반건축물이라 기재되어 있지 않으면 특별한 일이 없는 이상 사용수익에 지장이 없다.<br>2) 물건이 일반물건보다 임대수익이 높기 때문에 임대수익 면에서 접근해보면 나쁘지 않다고 본다. |
| 약점 | 1) 취득세가 상가에 적용받아 4.6%<br>　주택 취득세 1%에 비하면 무려 4배나 높다.<br>2) 세입자 전세자금 대출이 안나온다.<br>3) 싸게 거래가 된다. 일반 다세대주택보다 싸게 거래가 된다. 일반 물건에 60% 정도로 말하는 곳도 있다. 부동산에서는 대부분 비추천한다.<br>4) 은행에서 담보대출비율이 낮아진다.<br>5) 팔 때 힘들다. 평생 못 팔 수 있다. 취득세가 비싸서 매수자에게 보전을 해줘야 하며, 위반건축물인 만큼 사려는 사람도 드물다.<br>6) 위반건축물이 되어서 언젠가는 원상복구 해줘야 한다. |

# 공매로 낙찰받은
# 자전거 이야기

공매란 한국자산관리공사에서 부동산을 일반 경쟁 방법으로 공개적으로 매각하는 것을 말한다. 국세징수법상 체납 처분되는 압류 재산을 자산관리공사에 처분을 의뢰하고 진행되는 물건들을 공매 물건이라고 한다.

경매는 법원에서 입찰하지만, 공매는 한국자산관리공사가 관리, 운영하는 온비드에서 입찰한다. 공매는 온라인으로 입찰할 수 있어서 경매 때문에 연차를 내고 법원에 가야하는 직장인들에게 더 좋은 방법이다.

공매는 보통 월요일에서 수요일 오후 5시까지 입찰을 하고 목요일 오전 11시에 개찰한다. 공매는 경매보다 정보가 부족하므로 더 많은 공부가 필요하지만 그런 이유로 경쟁이 덜하기도 한다. 낙찰 가율도 경매에 비해서 낮고 좋은 물건들이 의외로 많다.

경매와 공매는 함께 알아야 할 부동산을 취득하는 방법 중 하나이다. 온비드에서는 정말 다양한 종류의 물건들이 존재한다. 아래 사이트는 온비드 메인 화면이다. 그 중에는 물품이라는 것이 있다. 이 물품은 공매를 처음 하는 사람에겐 아주 유용하고 매력적인 투자처라고 생각한다. 그 중 공매에 대해서 쉽게 접근하고 소액으로 투자할 수 있는 자전거 공매에 도전해 보았다.

저자가 공매로 자전거를 낙찰받았을 당시 공매 사이트가 새롭게 개편 되는 시기였다. 통합검색란에서 원하는 물건들을 검색해 보자. 공매에서 손쉽게 구할 수 있는 물건들도 많다는 것만 기억하자.

물건 스피드 검색을 클릭하면 다양한 종류의 물건들이 나오는데 부동산, 차량, 그 중에서 자전거를 검색해 보자. 자전거 입찰을 통해서 공매를 배워 보자.

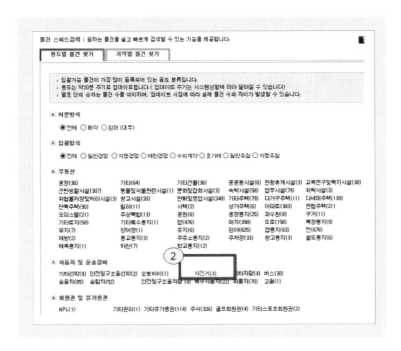

　자동차 및 운송 장비 메뉴에서 자전거 물건이 보인다. 자전거 물건을 클릭해 보자.

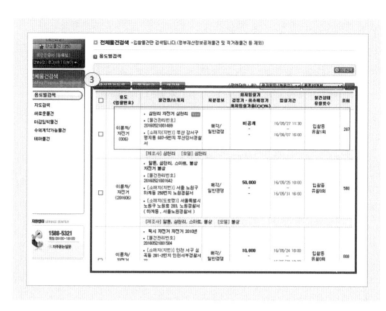

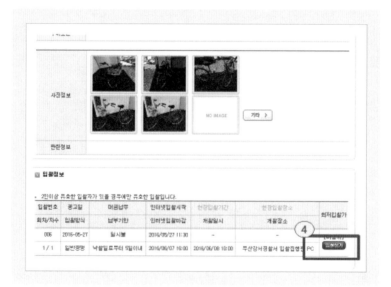

부산 강서구 소재의 자전거가 공매에 나왔다. 자전거가 공매에 나오는 이유는 2가지다. 첫 번째는 경찰서에서 절도 물품을 보관하고 있는데 주인을 못 찾는 경우다. 두 번째는 주인을 알 수 없는 방치된 자전거를 처분하기 위해서다.

하단을 보면 입찰 정보에 최저 입찰가 버튼에 클릭해 보자.

환불계좌번호에서 계좌를 입력하고 입찰금액을 작성하면 된다.

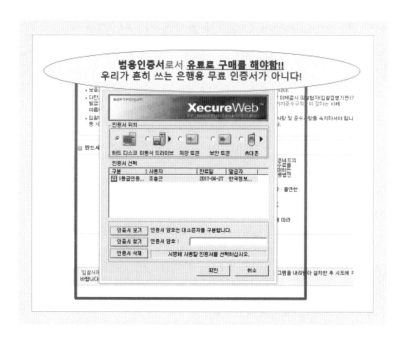

입찰서 제출 버튼을 클릭하면 공인인증서 팝업창이 나오고 인증서 암호를 입력한다. 입찰 전에 미리 범용인증서를 만들어 놔야 한다. 우리가 흔히 쓰는 은행용 무료 인증서가 아니다. 처음 온비드에 가입할 때 범용인증서를 꼭 준비하도록 하자.

공인인증서 암호를 입력 후 입찰서 제출이 완료되었다는 표시와 함께 입찰금액의 입찰 보증금으로 입금을 하면 된다. 경매는 최저입찰가격의 10%를 입찰 보증금으로 제출하지만 공매는 입찰하려는 금액에 따라 입찰 보증금을 낸다.

경매보다 공매가 좋은 이유는 컴퓨터가 있는 곳이면 어디서든지 입찰이 가능하다. 주거용 아파트를 낙찰 받아서 공매를 할 수도 있지만 부담 없는 금액으로 공매 물품에 도전함으로써 공매의 한 사이클을 경험할 수 있다. 생각보다 다양하고 재미있는 물건들이 많다. 누구다 다 가능하니 실행해 보길 바란다.

월급쟁이를 위한

# 왕초보 부동산 경매 스쿨

# 쉬운 부동산
# 경매를 하자

    부동산 경매는 쉽다. 어렵고 복잡한 경매는 전문가들에게 물어보고 권리분석이 안전한 것부터 시작하면 된다. 경매는 분명 시세보다 부동산을 싸게 살 수 있다. 하지만 경매만이 부동산을 싸게 사는 유일한 방법은 아니다. 일반 매매로도 협상을 통해 가치 있는 물건을 싸게 살 수 있다. 어느 때 어떤 경우에 기회가 올지 모르니 경매 공부는 필수로 해 놔야 한다. 기회가 왔을 때 적정한 타이밍에 써먹을 수 있도록 지금 당장 시작하는 게 좋다.

    그리고 부동산 경매 시장은 항상 변한다. 가용할 수 있는 투자금과 시간에 맞는 투자를 했다 하더라도, 한 가지 수익 툴만을 가지고는 꾸준한 수익을 낼 수 없다. 저자도 처음에 경매로 낙찰 받은 다세대 빌라 투자 이후 여러 경험을 통해서 점점 투자에 대한 감과 확신을 가지게 되었다.

부동산 경매는 아파트뿐만 아니라 다세대, 다가구주택, 상가, 공장, 토지 등도 다루지만 아파트의 인기가 높은 편이다. 아파트는 시세가 정해져 있고 되팔기도 상대적으로 쉽기 때문이다. 아파트는 같은 단지에도 같은 구조의 물건이 많고 일정한 가격이 형성되어 있다.

반면 통상 원룸이라고 부르는 다세대, 다가구주택이나 상가 등은 바로 옆에 붙어 있다 하더라도 가격이 천차만별이다. 경매를 통해 부동산을 싼값에 사서 높은 가격에 팔고자 하는 투자자 입장에서는 시세가 상대적으로 확실한 아파트가 투자성을 판단하기 쉬운 편이라고 할 수 있다.

먼저 일반 매매와 경매의 차이점을 알고 시작하자. 법원 경매로 나온 물건은 안전하다. 경매 물건 중 어떤 물건이 낙찰 후 모든 권리가 깨끗이 말소되는 안전한 물건인지 아닌지 파악하면 끝이다.

사실 권리분석 배우기는 생각보다 정말 쉽다. 정작 우리가 고민하고, 열심히 배워야 하는 것은 권리분석이 아닌 수익률과 물건 가치 분석이다. 쓸데없이 어려운 난이도의 권리분석 이론을 배우려고 한다. 권리분석만 있는 서적도 있고 강좌도 있다. 하지만 우리는 부동산 투자를 하기 위함이지 권리분석 박사가 되기 위함이 아닌 걸 알자.

대법원 사이트에서는 경매 물건을 전체적으로 볼 수 있다. 등기 부등본의 말소기준권리를 찾아보는 것이 권리분석의 시작이라 볼 수 있다. 그러나 대법원 사이트는 한눈에 보기가 어렵다. 그래서 유료 경매 정보 사이트를 많이 이용한다.

# 경매로 성공하기 위해
# 필요한 것

부동산 공부를 하지 않았더라면, 현재 나의 모습은 상상도 할 수 없는 다른 세상에 살았을 것이다. 비어 있어야 채울 수 있고, 채워져 있어야 무언가를 비울 수 있다. 부동산 투자를 잘하는 것뿐만 아니라 진짜 인생을 살아가기 위한 나의 인생 모토는 이렇다.

**첫 번째, 구체적인 목표를 잡고 할 수 있다는 믿음을 가신다.**

월급쟁이가 돈의 노예가 되지 않고 행복하고 경제적으로 여유로운 삶을 살 수 있는 방법은 없을까? 방법을 알기 위해서 먼저 내 집 마련에 대한 생각의 전환이 필요하다. 연습장(성공노트)에 본인이 원하는 계획, 목표, 이루고 싶은 꿈들을 적어 본다.

추상적인 목표보다는 구체적으로 목표를 최대한 많이 적는다. 대부분 성공한 사람들에겐 특별한 능력이 있다고 생각하는데 절대 그렇지 않다. 평상시에 긍정적인 사고를 가진 성실한 사람이 해내는 것이다. 정신 무장이 되어 있으면 목표를 신중하고 구체적으로 정하자.

단기, 중기, 장기 목표를 정해보자. 1년 후, 3년 후, 5년 후, 10년 후까지 말이다. 포기하지 않은 사람이 성공하므로 처음부터 중, 장기적인 플랜으로 접근하는 것이 좋다.

〈김밥 파는 CEO〉 저자인 김승호 대표의 '원하는 목표를 100일 동안 100번 써 보는 것'도 추천한다. 목표를 100일 동안 100번 쓰다 보면 시간이 많이 걸리고 내가 지금 뭐 하는 것인가 하는 생각도 할 수 있다. 하지만 정말 그 꿈을 위해 손으로 직접 한번 써 봐라. 절실하면 이루어진다. 작심삼일이어도 좋다. 하지만 분명 효과는 볼 것이다. 놀라운 일들이 벌어질 것이다. 그 목표를 이루기 위해서 나를 세뇌시키고 자신감을 일으키게 해라. 오래도록 식지 않을 열정과 긍정적인 마인드로 무장해야 한다. 할 수 있다. 나는 할 수 있다. 노력하고 최선을 다하면 무엇이든 할 수 있다는 생각으로 접근해야 한다.

연말 연초가 되면 사람들은 내년 계획들을 멋지게 세운다. 회사에서 사업계획서를 만들 듯이 저자의 경우는 11월에 인생 및 투자 계획서를 만든다. 연말에 세우면 뒤숭숭한 분위기와 송년회 자리며 사람들을 만나 단순하게 소비하는 경우가 많이 있었기 때문이다.

**두 번째, 열정적이고 끈질기게 집중하고 몰입한다.**

포기하지 말고 꾸준히 천천히, 그리고 끝까지 하라. 처음부터 경매를 잘하는 사람은 없다. 그리고 경매를 잘할 수 있는 특별한 비법도 없다. 제대로 된 방향을 설정하고 즉시 실행하고 반드시 실행해야 한다. 꾸준하게 열심히 하는 것만이 유일한 방법이다.

그리고 부동산 투자에 앞서서 내 주변 부동산부터 관심을 가져라. 내가 거주하는 곳, 내가 일하는 곳 주변의 아파트, 빌라 시세를 알고 있는가? 인근 상가의 월세는 어느 정도이며 매매는 얼마에 이루어지고 있는지 가까운 곳부터 적극적으로 시작해라.

**세 번째, 많은 책을 읽고 사색을 즐기고 사람과 소통하는 능력을 키운다.**

공부할 때 본인이 투자자인지 이론가인지 고민하여 효율적으로 해야 한다. 또한 경매를 '오픈북 시험'이라 여기면서 모든 사항을 암기하는 것이 아닌 원리를 이해하면 된다. 공부를 위한 공부가 아니다.

흔히들 부동산 투자를 한다고 하면 공인중개사 자격증이나 부동산 관련 자격증이 있어야 하는 거 아니냐고 물어보는 사람들이 종종 있다. 꼭 그렇지만은 않다. 투자를 하기 위해서 도움은 될 수 있겠지만 필수 요소는 아니다.

부동산 경매시장에는 진실하지 못하고 돈벌이로 보는 고수들도 생각보다 많다. 그래서 어느 한 카페에서 제한된 정보만 듣지 말고 다양한 정보를 취합해서 내공을 쌓아야 한다. 멘토에 의해서 주변에 어떤 사람들을 두느냐에 따라 한 사람의 인생 그릇이 달라질 수 있다. 진정한 멘토를 만나고 좋은 사람들을 만난 것만으로도 절반은 성공한 것이다.

**네 번째, 여러 사람을 통해 아이디어를 끌어내는 창의력과 통찰 능력을 키운다.**

기본적인 공부가 되었으면 나만의 스타일을 정하자. 내가 감당할 수 있는 투자금, 그리고 내가 감당할 수 있는 시간에 맞는 투자를 하라. 나 같은 평범한 직장인들에게 경매는 매력 있는 재테크이다. 법원 입찰을 위해 연차 사용을 아까워하지 말자.

모든 사람에게 정답은 다 다르다. 한 번에 다 갖추려 하지 말고 하나씩 갖춰 가라. 처음 시작할 때는 첫 물건에 큰 수익을 기대하기는 어려울 수 있다. 거듭되는 패찰을 하다 보면 종종 드는 생각이 있다. 정말 경매로 돈을 벌 수 있을까? 이런 의문은 낙찰과 수익이 들어오기 전까지 끊임없이 반복될 것이다. 이럴 때마다 경매에 확신이 없다면 조금씩 지쳐가면서 결국 포기해 버리는 경우가 많다. 끝까지 갈 수 있는 강력한 열정과 동기 부여가 필요한 것이다.

부동산 경매는 부동산을 싸게 살 수 있는 하나의 수단이다. 전체 부동산 경매 시장은 항상 변하며 한 가지 수익 툴만을 가지고는 꾸준한 수익을 낼 수 없다.

그리고 어떤 일이든 상대방의 입장에서 생각하는 습관을 만들어라. 명도를 할 때, 임대를 할 때, 매매를 할 때, 직장 생활을 할 때, 사업을 할 때 항상 상대방의 입장을 헤아리면 답을 얻을 수 있다.

가끔은 다른 사람과 반대로 생각하고 나만의 투자 기준을 만들어야 한다. 남들이 하지 않은 것과 하지 않는 시기에 더 많은 기회가 있으므로 준비해야 한다. 시작은 늘 두렵지만 언젠가는 내가 다 경험해야 할 일이다.


**다섯 번째, 그들과 함께 성장하고 성공한다.**

부동산의 본질은 인맥을 기반으로 사람들과 함께 성장하는 것이다. 성공한 사람들을 곁에 두고 불만이 많거나 의심이 많은 자는 멀리해야 한다. 누군가와 함께라면 지치지 않고 오래 멀리 갈 수 있다. 어떤 인맥을 쌓느냐에 따라 공부기간을 단축시킬 수 있고 시행착오를 줄이며 가장 큰 직접, 간접 경험을 하게 된다.

혼자의 힘은 분명히 한계가 있다. 지원해 주고 응원해 주고, 참여

하는 사람이 많을수록 일은 좀 더 쉽게, 좀 더 크게 이루어진다.

영화 〈멋진 인생〉의 마지막 장면은 다음과 같은 교훈을 던져 준다. "기억하라, 친구가 있다면 그 어떤 인생도 실패작이 아니다." 이 구절은 친구나 가족, 그리고 사랑하는 사람들과 인생을 함께 나누는 것이 얼마나 중요한 일인지 알려 준다.

PART 6에는 투자 초기 시절 스터디 회원들과 함께 공부하고 투자했던 투자 파트너 사례들을 삽입했다. 그들과 함께 성장해 나가고 각자의 꿈을 실현하기 위해 힘차게 달려 나가고 있다.

# 부동산 경매의
# 원리 및 이해

부동산 경매는 사회에서 돈의 흐름을 원활하게 하는 순기능을 한다. 경매 제도가 없다면 사업을 하거나 집을 장만할 때 돈을 빌리기 훨씬 어려워질 것이다. 돈을 돌려받지 못할 위험이 커지면 개인이나 은행이 선뜻 돈을 남에게 빌려주지 않을 것이기 때문이다.

그렇다면 경매는 어떤 과정으로 이뤄지는 것일까? 채권자는 빌려 순 논을 받지 못하면 관할 법원에 경매를 신청할 수 있다. 아파트는 집주인이 전세금을 돌려주지 못해 세입자가 경매 신청을 하는 경우가 많다.

권리분석을 공부하기 전에 알아 두어야 할 것이 경매의 절차이다. 법원에서 진행하는 부동산 경매라는 제도이다. 대략적으로만 이해하고 있으면 된다.

각각의 세부 단계를 공부하기에 앞서서 일단 전체 큰 흐름을 한 번 살펴보자. 부동산 경매의 절차도를 표로 정리하였다.

### 1. 부동산 경매 절차도

1. 경매 신청 및 경매 개시 결정

2. 배당요구종기 결정 및 공고

3. 감정 평가 및 현황 조사

4. 매각 기일

5. 매각 실시

6. 매각 결정

7. 매각 대금 납부

8. 배당 및 경매 종결

(1) 경매 신청 및 경매 개시 결정

법원은 경매신청서와 첨부 서류 등을 검토해 문제가 없으면 경매 개시 결정을 내린다.

### ⑵ 배당요구종기 결정 및 공고

채무자에게 이를 알리고 경매신청자 이외의 채권자들에게 배당 요구를 하라고 통보한다. 배당요구종기일까지 법원에 관련 서류를 제출하라는 말이다.

### ⑶ 매각 준비(감정 평가 및 현황 조사)

경매가 결정된 부동산에 대한 감정 평가도 이루어진다. 법원 집행관도 현장에 나가 그 부동산이 어떤 상태인지, 세입자가 누구고 보증금은 얼마인지 등을 조사해 현황조사서를 작성한다.

### ⑷ 매각 기일

법원은 입찰 날짜(매각 기일)와 매각 결정 기일을 정해 공고하는데, 보통 입찰일 14일 전이다. 입찰 7일 전에는 법원이 작성한 매각 물건 명세서 등이 공개된다.

입찰자들은 법원이 제공하는 서류들을 검토해 권리분석을 한다. 부동산 경매는 입찰 방식으로 이루어진다.

### ⑸ 매각 실시

가장 높은 가격을 쓴 사람(최고가 매수 신고인)이 부동산을 획득하는 방식이다.

### ⑹ 매각 결정

입찰자는 입찰금액의 10%를 입찰보증금으로 내야 한다. 법원은 경매 절차가 적법했는지 확인해 낙찰 7일 후에 매각 허가 결정을 내린다. 이후 7일이 지나도록 그 경매의 이해 관계자들에게서 이의제기(항고)가 없으면 매각 허가 결정이 확정된다.

### ⑺ 매각 대금 납부

이제 최고가 매수 신고인은 법원이 정한 날까지 낙찰 잔금을 납부해야 한다. 잔금을 납부하고 소유권을 이전하면 낙찰자 소유가 되는 것이다. 기존 점유자를 내보내는데 이를 명도라고 한다. 점유자가 이사 가길 거부하면 법원이 인도 명령을 내리고 낙찰자가 강제집행을 신청할 수도 있다. 명도와 강제집행 이야기는 뒷장에 구체적인 사례와 부연 설명을 하겠다.

### ⑻ 배당 및 경매 종결

벌써부터 낯선 용어에 어려움을 느끼는 독자들이 있을 것이다. 전혀 걱정할 필요 없다. 이런 절차대로 진행되는 흐름만 알고 있으면 된다. 경매는 계속 반복 학습이며 '오픈 북'이다. 궁금하고 필요할 땐 언제든지 찾아서 공부하면 되는 것이다.

# 경매야 놀자!
# 권리분석 30분 만에 끝내기

## 경매와 공매

경매는 법원에서 진행하는 것이고, 공매는 한국자산관리공사에서 진행하는 것이다.

경매는 입찰을 법원에서 하며, 공매는 온라인으로 진행한다. 경매는 통상 유찰될 때마다 20~30%씩 저감되며, 공매는 5~10%씩 저감된다.

경매는 인도 명령이 가능한데 반해, 공매는 인도 명령이 불가능하다. 그래서 명도 시 경매보다 공매가 까다롭다.

부동산 경매 투자 과정을 보통 6~7단계로 구분한다. 하지만 사람들마다 다를 수 있으니 개인적으로 6단계로 구분하는 것이 효과가 있고 체계적이라고 본다. 부동산 경매 투자를 시작하는 초보자는 각각의 단계를 큰 그림을 그리고 차근차근 모든 단계를 순서대로 밟아 나가는 것이 좋다.

가끔 경매 투자를 하다 보면 큰 실수를 하는 분들을 자주 목격한다. 입찰 금액을 잘못 쓰거나 대리 입찰시 서류를 빠뜨리는 경우도 있다. 그리고 권리분석을 잘못하거나, 하자 있는 물건을 낙찰 받거나, 시세 조사를 잘못해서 결국은 미납되는 경우도 많이 있다.

투자의 기본과 절차를 무시하고 기본 단계를 거치지 못했거나 낙찰에 대한 의욕만 앞선 대참사가 아닌가 싶다. 자신의 능력을 자만해선 안 되며 나의 수준을 객관적으로 바라보고 분석하고 과감히 결정을 할 때가 있다.

나중에 고수가 돼서 큰 수익을 내더라도 초심을 잃지 않도록 하자. 늘 겸손하고 부지런히 공부하고 노력한다면 내가 쌓은 지식은 분명히 빛을 발휘할 테니까. 부동산 경매 투자 6단계를 전체적으로 한번 보겠다.

## 부동산 경매 투자 6단계

● 1단계 : 물건검색 & 권리분석

대법원 경매 사이트 또는 유료 사이트에서 물건검색을 하고 권리분석을 한다.

등기부등본, 말소기준권리, 대항력, 배당. 제일 중요한 4가지부터 챙기자.

● 2단계 : 현장조사(임장)

세상이 좋아져서 인터넷으로 웬만한 조사는 가능하다. 그래도 현장조사는 무조건 가야 한다.

충분한 검토를 마친 물건이 있는 곳에 현장 답사를 간다.

● 3단계 : 입찰

입찰 당일 물건이 취하 또는 변경되었는지 한 번 더 체크하고 법정에 나가 입찰을 한다. 핵심은 입찰 가격이다.

● 4단계 : 잔금납부

매각허가결정이 된 후 보증금을 제외한 모든 비용을 납부한다.

● 5단계 : 명도

점유자를 대하는 것은 어렵다. 어떤사람은 명도를 즐기기도 한
다. 사람과 사람이 하는 일이다. 너무 겁먹지 말자. 서류는 부드러
움과 강경하되 대화로 최대한 잘 풀어가자.


● 6단계 : 수익실현(매매 또는 임대)

낙찰후 약 2~4개월 소요가 된다. 약간의 수리를 한 후 여유를 가
지고 임대를 놓자.


## 부동산 경매 물건 검색방법


초보자의 입장에서는 막상 물건을 검색하려고 하면 어디서부터
시작을 해야 할지 막막할 것이다. 방법과 원칙없이 했다가 금방 지
치게 마련이다.
초보자를 위한 3가지 팁이 있다.


첫 번째는 내가 투자할 수 있는 현금확보를 해야 한다.
최소한의 입찰할 수 있는 보증금액이 필요하다. 즉 종잣돈의 중요
성이 굉장하다.
내가 활용할 수 있는 금액 내에서 물건을 검색하는 것이다. 부동

산 경매 투자의 큰 장점 중 하나인 레버리지를 잘 활용해야 한다. 무분별한 대출의 위험성을 우려하고 경고하는 분도 있지만 그건 부동산을 비싸게 샀거나 본인이 대출을 감당할 수 없을 때의 이야기이다.

부동산 경매를 통해 충분히 싸게 샀다면 레버리지 비중이 높더라도 경매로 싸게 사기 때문에 가격적인 리스크를 해결한 것이나 다름없다.

### 두 번째는 나만의 지역을 선정하자.

모든 지역을 다 보겠다는 욕심은 버려야 한다. 내가 감당할 수 있는 영역 안에서 기회들은 늘 포착하고 꾸준히 모니터링을 해야 한다. 내가 아는 지역을 공략하는 것이 가장 좋다. 내가 살고 있는 지역, 직장 근처도 좋고, 나의 고향이어도 좋다. 아무런 연고도 없지만 내가 투자할 수 있는 가격대의 물건이 많은 지역이어도 좋다.

점차 그 지역과 익숙해지고 현장답사를 가다 보면 금방 친해지게 된다. 결국은 자신만의 특정 지역을 선택해서 차츰차츰 영역을 넓혀 나가면 된다.

마지막으로 경매는 지속성이며 쉽고 작게 투자해라.

초보라면 상가와 토지는 쳐다보지 말고 먼저 빌라, 오피스텔, 아파트 등의 주택으로 시작해라. 토지와 상가는 분명 좋은 투자처다.

하지만 이제 갓 투자 시장에 시작한 초보가 어설프게 시작했다가는 상가 경우는 공실인 상태로 대출 이자만 지불하거나 팔지도 못하고 평생 발목을 잡힐 수도 있다. 투자란 환금성, 말 그대로 현금화를 시킬 때 의미있는 것이다. 현금화할 수 없거나 현금화하기 힘든 자산은 이미 자산으로서의 의미가 퇴색된 것이다.

이제부터 차근차근 부동산 경매 물건을 살펴보도록 하자.

### 1. 경매물건 검색

유료 경매 사이트에서 물건 검색을 한다. 유료 사이트는 지지옥션, 굿옥션, 스피드옥션 등이 있다. 아래는 굿옥션 사이트이며, 경매검색에서 물건을 검색한다.

## 2. 경매 4종 세트 열람

경매 입찰에 경매 물건을 검색하는 과정에 있어 반드시 확인해야 할 서류가 4가지다. 등기부등본, 현황조사서, 감정평가서, 매각물건명세서다. 이를 꼼꼼히 살펴서 부동산에 대한 권리분석, 점유자 파악, 명도 난이도, 가치 판단을 할 수 있다. 현장조사를 갈 만한 것과 제외 대상으로 구별할 수 있다.

그중 등기부등본 현황을 확인한다. 유료 사이트는 등기부현황이 요약돼 있어서 편리하다.

**등기부현황 ( 채권액합계 : 156,032,693원 )**

| No | 접수 | 권리종류 | 권리자 | 채권금액 | 비고 | 소멸여부 |
|---|---|---|---|---|---|---|
| 1(갑2) | 2010.10.22 | 소유권이전(매매) | 박선진 | | 거래가액:180,000,000 | |
| 2(을1) | 2010.10.22 | 근저당 | 부흥신협 | 136,500,000원 | 말소기준등기 | 소멸 |
| 3(을2) | 2012.11.23 | 근저당 | 이재근 | 3,000,000원 | | 소멸 |
| 4(갑3) | 2013.01.25 | 가압류 | 재단법인 신용보증재단중앙회 | 5,584,653원 | 2013카단866 | 소멸 |
| 5(갑4) | 2013.02.28 | 가압류 | 서구신협 | 10,948,040원 | 2013카단2902 | 소멸 |
| 6(을5) | 2014.08.27 | 임의경매 | 부흥신협 | 청구금액: 128,792,066원 | 2014타경61274 | 소멸 |

등기부현황에는 소멸기준이 보인다. 세입자가 있다면 말소기준권리인 소멸기준에 따라 세입자가 보증금을 돌려받을 수 있을지 달라진다.

매각물건명세서의 내용은 부동산의 점유자와 점유의 권원, 점유할 수 있는 기간, 임대료 또는 보증금에 관한 관계인의 진술, 특별한 문제가 없는지 알려 주는 아주 중요한 서류이다. 법원은 이것을 누구든지 볼 수 있게 매각기일의 1주일 전까지 비치해 놓는다.

가격이 적정한지 비교해 보려면 인근매각물건, 동일번지매각물건으로 최근 6개월까지 낙찰된 입찰금액과 입찰자 수까지 확인을 해 봐야 한다.

| | 등기부등본 | 현황조사서 | 감정평가서 | 매각물건명세서 |
|---|---|---|---|---|
| 대법원 제공 시기 | 제공 안 됨 | 입찰기일 2주 전 | 입찰기일 2주 전 | 입찰기일 1주 전 |
| 용도 | 권리분석 | 부동산 점유 관계 | 부동산 가치와 대상물 파악 | 임차인, 전입일자, 확정일자, 보증금, 차임, 배당 등 |

## 3. 등기부등본 보는 방법

등기부등본이란, 부동산에 관한 권리관계와 부동산의 현황을 기재한 장부를 말한다. 토지등기부와 건물등기부 2종으로 나누고, 건물등기부는 다시 일반 건물과 집합 건물 등기부로 나눈다. 부동산 공부의 시작은 등기부등본이다.

세입자 등 보이지 않는 권리들이 있는데 이중에는 낙찰 후 모두 법률적으로 사라지는 권리가 있는가 하면, 그렇지 않고 낙찰자가 인수하여 책임을 지는 권리도 있으므로 신중하게 파악해야 한다. 우선 등기부 상에 권리들을 정정된 날짜별로 구분하여 순서대로 나열을 해본다.

등기용지는 부동산의 표시를 나타내는 "표제부"와 소유권에 관한 권리를 표시한 "갑구" 및 소유권이외의 권리를 표시한 "을구" 등으로 구성되어 있다.

- 표제부 : 소재지와 건물의 외형 및 건축시점,상태를 가늠하는 부분
- 갑구 : 소유권 변동에 관련된 일체의 사항
- 을구 : 해당부동산의 채무(근저당)및 임대관계(전세권등기, 임차권등기)확인
- 대법원인터넷등기소(http://www.iros.go.kr) : 등기용어의 해설과 부동산등기부 보는 법을 볼 수 있다. 부동산등기부와 법인등기부를 발급, 열람할 수 있다.

## 4. 가장 중요한 것이 '권리 분석'

초보자의 경우 권리분석이 어렵다고 생각할 수 있지만 의외로 간단하다. 권리분석을 하는 이유는 이 물건이 법적으로 안전한지를 따져보기 위한 것이다. 인수와 소멸이라는 개념을 이해하자. 인수는 낙찰자가 인수해야 하는 것이고, 소멸은 말 그대로 소멸되기 때문에 인수할 것이 없다. 권리분석의 방법을 살펴보자.

● 권리분석 4단계

| 1단계 | 말소기준권리 찾기 |
|---|---|
| 2단계 | 등기부등본상의 인수 권리 분석 |
| 3단계 | 임차인(점유자)분석 |
| 4단계 | 매각물건명세서 및 기타 인수조건 확인 |

1단계 : 말소기준권리(최선순위권리) 찾기

말소기준권리란 한 마디로 권리분석의 기준이 되는 권리이다.

어떤 부동산이 경매처분되었을 때 그 부동산에 존재하는 권리들이 낙찰자에게 인수가 될것인지, 말소될 것인지를 결정하는 기준이 되는 권리를 말한다.

말소기준권리는 앞선 권리는 낙찰자에게 인수되고, 말소기준권리보다 뒤진 권리들은 낙찰로 인해 소멸된다.

말소기준권리보다 앞선 순위에 있는 권리나 전입일이 빠른 임차인이 없으면 경매로 매각되면서 모든 권리가 소멸되기에 낙찰자에게 안전하고 깨끗한 물건이 되는것이다. 말소기준권리가 될 수 있는 것들을 살펴보자.

[ 말소기준권리 5가지 ]

❶ 〈근〉저당, 저당

❷ 가압류, 압류

❸ 담보가등기

❹ 경매기입등기[강제경매개시결정등기]

❺ 선순위 전세권자

　　– 임의경매를 신청한 경우

　　– 배당요구를 한 경우[단, 건물 일부 설정은 예외]

말소기준권리보다 후순위인 경매 물건들이 이 시장에 70%이상 된다. 이처럼 간단한 원리만 알고 입찰하면 된다.

2단계 : 등기부등본상의 인수 권리 분석

말소기준권리를 찾았으면 등기부상의 모든 권리들을 날짜순으로 나열하여 말소기준권리보다 앞선 권리나 추가로 인수해야 되는 권리가 있는지 확인해야 한다. 말소기준권리(최선순위권리)를 포함하여 후순위 권리들 모두 소멸이 된다.

하지만 말소기준권리보다 후순위에 있어도 말소되지 않은 권리들이 있다.

예고등기, 소유권에 관한 다툼이 있는 가처분, 근저당권에 관한 다툼이 있는 가처분, 건물 철거 및 토지 인도청구권 가처분은 소멸되지 않고 낙찰자에게 인수가 된다.

### 3단계 : 임차인(점유자)분석

말소기준권리보다 순위가 앞서 대항력이 있는 임차인이 있는지 확인한다. 대항력이 있는 임차인이 있는 경우 배당요구종기일 이내에 배당요구신청을 했는지 확정일자를 갖췄는지 등을 확인하여 임차인이 경매절차에서 보증금 전액을 배당 받을 수 있는지 인수금액은 얼마인지 사전에 확인한다.

### ❶ 대항력

대항력이란 임차 주택이 매매나 경매 등의 이유로 소유권이 이전되더라도 그 안의 임차인은 제3자에게 임대차 효력을 주장 할 수 있는 권리이다. 대항력이 있는 임차인은 보증금을 다 돌려 받을 때까지 해당 부동산을 비워 주지 않아도 된다는 것이다. 집주인이 누구로 바뀌어도 보증금 권리를 지킬 수 있다.

대항력을 갖춘 임차인이 되기 위해서는 몇가지 조건이 있다.

임차인이 주택(상가)의 인도를 받고 전입신고(사업자등록)를 한 경우

⇨ 말소기준권리보다 먼저 전입신고를 하고 점유를 하고 있다면 대항력을 갖추게 된다.

⇨ 대항력 요건 : 전입신고 + 주택의 점유

위 모든 요건을 충족한 다음날 0시부터 대항력이 발생한다.

❷ 우선변제권

임차인이 대항력을 갖추고 확정일자라는 것을 받으면 그 임차인은 우선 변제권을 가지게 된다. 우선변제권이란 해당 부동산이 경매로 넘어갔을 때 후순위 채권자들보다 먼저 배당받을 수 있는 권리를 말한다.

이러한 우선변제권은 대항력 요건을 갖추고 확정일자를 받은 후에 늦은 날을 기준으로 발생한다. 그 둘을 모두 다 갖춘 이후에 우선변제권이 발생하게 된다. 우선변제권의 조건은 이렇다.

• 대항요건(전입신고+주택의점유)을 갖추고

• 임대차계약서에 확정일자를 받고

• 배당 요구 종기일까지 대항력을 유지한 상태에서

• 배당요구를 신청한 경우

⇨ 모든 요건을 갖추었다 하더라도 배당요구종기일 이전에 배당요구를 하지 않았다면 이는 무용지물이다. 확정일자는 최우선변제 요건에는 포함되지 않으며 대항요건 충족 후 확정일자를 받은 날로부터 우선변제권 취득이다.

⇨ 확정일자를 갖춘 임차인은 근저당권과 같은 담보물권의 지위를 취득하여 경매절차에서 배당이 된다. 주택 임대차의 경우 확정일자를 주민센터 및 공증사무실에서 받을수 있고, 상가임대차의 경우 관할세무서장으로부터 확정일자를 받아야 한다.

❸ 최우선변제권

소액 임차인으로서 다른 권리들보다 최우선적으로 배당받을 수 있는 권리이다. 확정일자를 받았든 안 받았든 해당 부동산이 경매로 넘어간다면 배당 절차에서 다른 그 무엇보다 최우선변제해 주겠다는 것이다. 모든 금액을 다 해주는 것이 아니라 몇 가지의 조건들을 달아 두었는데 살펴보자.

• 보증금이 소액보증금 범위에 해당되고

• 경매개시결정기입등기 이전에 대항요건을 갖추고(확정일자는 취득 요건 아님)

• 배당요구종기일까지 대항력을 유지한 상태에서

• 배당요구를 신청한 경우

⇨ 최우선변제권을 취득하게 된다. 즉 보증금이 소액이어야 하고 반드시 경매개시

결정등기 이전에 전입이 되어 있어야 한다. 배당요구종기일 이전에는 배당요구

신청을 하며 대항요건을 유지하고 있어야 한다. 이러한 최우선변제금액은 지역

과 시기에 따라 조금씩 다르다.

### 주택 소액임차인의 범위와 최우선변제금액

| 기준일 | 지역 | 보증금<br>(만원) | 최우선변제액<br>(만원) |
|---|---|---|---|
| 1984.1.1 ~<br>1987.11.30 | 서울특별시 및 직할시 | 300 | 300 |
| | 기타지역 | 200 | 200 |
| 1987.12.1 ~<br>1990.2.18 | 서울특별시 및 직할시 | 500 | 500 |
| | 기타지역 | 400 | 400 |
| 1990.2.19 ~<br>1995.10.18 | 서울특별시 및 직할시 | 2,000 | 700 |
| | 기타지역 | 1,500 | 500 |
| 1995.10.19 ~<br>2001.9.14 | 서울특별시 및 직할시 | 3,000 | 1,200 |
| | 기타지역 | 2,000 | 800 |
| 2001.9.15 ~<br>2008.8.20 | 수도권 과밀 억제권역 | 4,000 | 1,600 |
| | 광역시(일부 제외) | 3,500 | 1,400 |
| | 기타지역 | 3,000 | 1,200 |
| 2008.8.21 ~<br>2010.7.25 | 수도권 과밀 억제권역 | 6,000 | 2,000 |
| | 광역시(일부 제외) | 5,000 | 1,700 |
| | 기타지역 | 4,000 | 1,400 |
| 2010.7.26 ~<br>2013.12.31 | 서울특별시 | 7,500 | 2,500 |
| | 과밀억제권역(서울 제외) | 6,500 | 2,200 |
| | 광역시(일부 제외) | 5,500 | 1,900 |
| | 그 밖의 지역 | 4,000 | 1,400 |

| | | | |
|---|---|---|---|
| 2014.1.1 ~ 2016.2.28 | 서울특별시 | 9,500 | 3,200 |
| | 과밀억제권역(서울 제외) | 8,000 | 2,700 |
| | 광역시(일부 제외) | 6,000 | 2,000 |
| | 그 밖의 지역 | 4,500 | 1,500 |
| 2008.8.21~ 2010.7.25 | 서울특별시 | 1억 | 3,400 |
| | 과밀억제권역(서울 제외) | 8,000 | 2,700 |
| | 광역시(일부 제외) | 6,000 | 2,000 |
| | 그 밖의 지역 | 5,000 | 1,700 |

〈과밀억제권역〉
- 인천광역시〈강화군, 옹진군, 서구 대곡동, 불노동, 마전동, 금곡동, 오류동, 왕길동, 당하동, 원당동, 인천경제자유구역 및 남동 국가산업단지는 각 제외〉
- 경기도 중 의정부시, 구리시,남양주시〈호평동, 평내동, 금곡동, 일패동, 이패동, 삼패동, 가운동, 수석동, 지금동, 도농동만 해당〉, 하남시, 고양시, 수원시, 성남시, 안양시, 부천시, 광명시, 과천시, 의왕시, 군포시, 시흥시〈반월특수지역 제외, 반월특수지역에서 해제된 지역포함 제외〉

## 임의 경매 & 강제 경매 차이점

경매는 임의 경매와 강제 경매로 구분된다. 둘의 차이는 경매 원인이 무엇이냐에 따라 다르다.

- **임의 경매** : 임의적으로 하는 경매. 경매는 돈 받을 사람, 즉 채권자가 있기 때문에

174

발생한다. 이때 채권자 마음대로 경매를 진행할 수 있는 것을 임의 경매라고 한다. 대부분 근저당권에 의한 임의 경매가 많다. 담보권의 존재를 증명하는 서류 첨부. 물권에 의한 담보권 실행.

- **강제 경매** : 채권자가 마음대로 경매를 진행할 수 있는 권리가 없기 때문에 법원의 강제력을 동원해서 하는 경매를 강제 경매라고 한다. 채권에 의한 집행권원을 갖고 청구권 실행.

임의 경매냐 강제 경매냐에 따라 경매 참여나 낙찰 후 달라지는 사항은 없다. 다만 채권자인 경매를 신청하는 입장에서는 정확히 알 필요가 있다. 채무 계약과 불이행 시 원인에 따른 경매 종류를 아는 것이 경매를 이해하는 시발이라고 보기 때문이다.


## 경매 사이트에 모든 정보가 있다

투자금이 많다면 많은 물건, 좋은 물건에 입찰할 기회도 많다. 하지만 투자금이 한정적인 월급쟁이들은 좋은 물건을 좋은 가격 또는 싸게 사서 비싸게 파는 것 외에 방법이 없다.

500만 원 이내, 1천만 원 이내의 투자금으로 낙찰받을 수 있는 좋은 물건을 대체 어디서 찾아야 할까?

정답은 바로 가장 중요한 물건 검색에 있다. 물건 검색 방법은 대법원 홈페이지와 유료 사이트(굿옥션, 지지옥션 등)에서 확인 가능하다. 먼저 대법원 홈페이지 검색법이다.

**대법원 경매 홈페이지 경매 물건 검색법**

수많은 경매 물건은 어디에서 볼 수 있을까? 우선 대법원 사이트에서 어떻게 검색하는 것인지 살펴보겠다.

대법원 법원경매정보(www.courtauction.go.kr)사이트에서 무료로 검색할 수 있다.

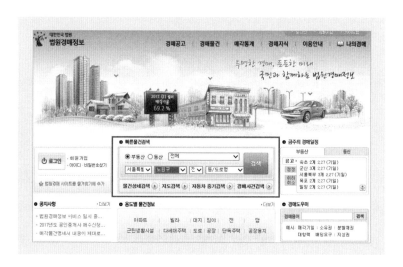

경매 물건들을 실컷 마음껏 열람할 수 있다. 회원 가입을 하지 않아도 무료로 이용 가능하다. 이 사이트에서 경매 물건을 찾는 방법은 굉장히 다양하다. 해당 부동산에 대한 현황조사서나 감정평가서도 여기에서 살펴볼 수 있다.

❶ 물건 상세 검색을 해보자

❷ 부동산에서 원하는 조건들을 입력한다.

법원/소재지 – 소재지(지번주소)를 선택한다.

주거용 아파트를 검색한다고 하면, 용도 – 건물, 주거용건물, 아파트를 선택한다.

감정평가금액을 최대 5억 원으로 설정하면 5억 원 미만 물건만 검색이 된다.

❸ 검색된 집을 간략하게 보자

그 당시 서울시 노원구에 있는 아파트 감정평가액 5억 원 이하 물건은 총 17건이었다.

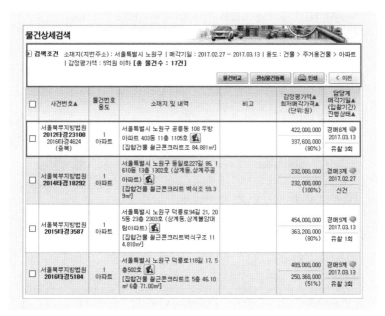

❹ 상세 내용을 살펴보자

| 사건번호 | 2012타경23108 ❶ | 물건번호 | 1 ❷ | | 물건종류 | 아파트 |
|---|---|---|---|---|---|---|
| 감정평가액 | 422,000,000원 ❸ | 최저매각가격 | 337,600,000원 ❹ | | 입찰방법 | 기일입찰 |
| 매각기일 | 2017.03.13 10:00 법정동 101호 법정 ❺ | | | | | |
| 물건비고 | | | | | | |
| 목록1 소재지 | (아파트) 서울특별시 노원구 공릉동 108 우방아파트 403동 11층 1105호 | | | | | |
| 담당 | 서울북부지방법원 | 경매6계 | | | | |
| 사건접수 | 2012.10.02 | | | 경매개시일 | 2012.10.04 | |
| 배당요구종기 | 2012.12.14 | | | 청구금액 | 96,000,000원 | |

전경도〈5〉
관련사진〈3〉
내부구조도〈1〉
〉
위치도〈1〉

🏠 : 등기기록 열람    🔍 : 전자지도 보기    ©️ : 온나라(토지이용계획)

❖ 등기기록 열람 아이콘(아이콘모양)이 나오지 않는 소재지번은 부동산목록 입력 시 등기고유번호가 입력되지 않은 경우입니다.
  (등기기록 열람은 인터넷등기소와 연계한 유료서비스 입니다)
❖ 전자지도 보기 정보는 입찰자를 위해 제공되는 참고자료로서 지도제공업체의 사정에 따라 부정확한 정보가 제공될 수 있습니다.
  입찰시에는 반드시 현장조사 등으로 물건소재를 확인하신 후 응찰하시기 바랍니다.
❖ 온나라(토지이용계획) 정보는 현행 행정구역을 기준으로 제공되는 정보이므로 물건의 등기사항전부증명서 상의 소재지가
  과거의 것인 경우 제공되지 않을 수 있습니다.

◉ 기일내역

| 기일 | 기일종류 | 기일장소 | 최저매각가격 | 기일결과 |
|---|---|---|---|---|
| 2013.02.25 (10:00) | 매각기일 | 법정동 101호 법정 | 420,000,000원 | 유찰 |
| 2013.03.25 (10:00) | 매각기일 | 법정동 101호 법정 | 336,000,000원 | 유찰 |
| 2017.02.13 (10:00) | 매각기일 | 법정동 101호 법정 | 422,000,000원 | 유찰 |

(1) 사건번호 : 2012타경23108, 2012는 경매에 부쳐진 연도이며 타경은 경매를 진

행하는 사건이라는 뜻이다. 23108은 이 물건의 고유번호이다.

(2) 물건번호 : 물건번호이다. 한 사람 소유의 물건이 여러 개가 경매로 나왔을 때

각 물건 별로 번호가 부여된다. 사건번호 뒤에 괄호를 붙여 물건번호를 표시한

다. 입찰서에 반드시 물건번호를 기재해야 한다.

(3) 감정평가액 : 법원에서 감정평가사에게 의뢰하여 받은 집의 가격이다.

(4) 최저매각가격 : 감정가에서 낙찰되지 않으면 가격이 할인되어서 경매에 다시 나오게 된다. 이것을 유찰이라고 하고 1회 유찰 시 보통 20%가 할인되는데 지역마다 차이가 있다. 유찰 시 할인된 가격으로 최저매각가격이 정해진다. 입찰하려는 사람들은 최저매각가격보다 높은 금액으로 입찰해야 한다는 이야기다.

(5) 매각기일 : 경매 법원이 해당 부동산에 대해 경매를 실행하는 날짜를 의미한다. 입찰 시간은 법원마다 조금씩 상이하다. 특히 입찰 서류를 내야 하는 마감 시간이 아주 중요하다. 마감 시간이 지나면 입찰 서류를 받아주지 않는다.

• 경매 기록에서 꼭 확인해야 할 서류

  – 매각물건명세서 (선순위 채권의 소멸, 임차인, 인수사항 등)

  – 집행관 현황조사서

  – 감정평가서

  – 부동산 목록

  – 문건 / 송달 내역(연기신청 등)

  – 매각물건명세서는 매각기일 1주일 전부터 볼 수 있다.

## 낙찰 시 플랜 A & 패찰 시 플랜 B

낙찰을 했을 경우 플랜 A와 패찰을 했을 경우 플랜 B를 계획한다. 낙찰 플랜 A는 바로 당장 현장 물건으로 가서 임차인을 만난다. 앞으로의 진행 상황을 전달하고 명도의 난이도를 파악하며 앞으로 상황에 대처하기 위해서이다.

플랜 B는 패찰했을 경우이다. 패찰 후 인근 지역의 경매 물건을 보러 가는 것이다. 패찰 후 정신 건강을 위해 잠시 쉬는 것도 좋지만 정말 내겐 피 같은 연차라 시간을 최대한 활용하고 싶었다. 입찰 전날 인근 가까운 경매 물건을 조사해 놓고 패찰하면 그날 답사 가는 것이다. 간혹 법원 당일 경매 취하가 발생하는 일이 생기기도 한다.

현재 시중에는 수많은 경매 관련 서적들이 넘쳐나고 있다. 수많은 정보 속에서 오히려 자기에 맞는 책들을 고르기가 더 어려운 실정이 되어 버렸다. 이 책을 읽으면 이 방법이 맞는 것 같고, 다른 책을 읽으면 저 방법이 맞는 것 같다. 강연도 마찬가지다. 현재 강연 콘텐츠도 다양해지고 수강료들도 점점 올라가는 추세다.

각 분야의 전문가들이 생기고 수많은 고수들이 탄생하며 인터넷 검색만 해도 수많은 정보들이 넘쳐나고 있다. 이럴 때일수록 전문가나 고수들의 말에 너무 맹신하지 말아야 한다.

사람은 계속 진화를 해야 한다. 인풋이 있으면 아웃풋도 있는 것이 진리다. 계속 씨앗을 뿌리고 무엇인가를 해야 한다. 투자는 영원한 것도 없고 안정적인 것도 없다. 정도의 차이만 있는 거다. 세상의 트렌드를 계속 보아야 한다. 투자를 하면 할수록 계속 욕심이 생긴다. 현재의 내 위치랑 계속 비교를 해야 한다. 내가 이루고 싶은 것을 꿈만 꾸면 사람이 망가진다.

너무 얼토당토않은 거창한 목표를 잡지 마라. 현재의 균형과 현실적으로 달성할 수 있는 것만 잡으며 계속 비율 조절을 잘해라. 의욕만 앞서면 금방 지치고 삶이 고달파진다.

슬럼프가 올 수 있고 투자를 중단할 수도 있다. 돈과 삶의 관계는 돈을 벌면 조금 부자가 되면 그 위에 부자가 있다. 내가 그 단계를 올라가면 또 위에 부자가 있다. 단순히 돈을 많이 벌려는 게 아니다. 돈에 너무 얽매이지 마라. 경제적 자유를 위한 거다. 어차피 투자는 평생 하며 현재의 삶이 중요하다. 지금 내 인생이 중요하다.

시간에 투자한다는 개념을 갖자. 지금 월 순수익 몇십만 원이 남는 게 중요한 게 아니라 이렇게 함으로써 내 인생의 시간을 번다는 개념이다.

## 명도는 끝날 때까지 끝난 것이 아니다

명도가 쉽지 않은 것은 사실이다. 하지만 명도는 협상이고, 낙찰자가 이길 수밖에 없는 게임이다. 첫 번째 낙찰을 받은 후 바로 임차인을 만나러 갔다. 다행히 임차인이 집에 있어 차후의 일정에 관해 이야기를 나눌 수 있었다. 이때까지만 하더라도, 임차인과의 이야기가 잘 풀려 명도에 문제가 없을 거라고 생각했다. 하지만 시간이 흐를수록 왜 명도가 경매의 꽃이라 불리는지 백번 공감했다.

이렇게 명도가 쉽게 해결되는구나 하며 긴장을 늦추고 있다가 약속했던 이사 날짜를 며칠 앞두고 확인을 위해 전화를 했다. 그런데 임차인은 "집은 비워드릴게요. 하지만 이사 날짜에는 못 나가고 배당 받은 후에 나갈 겁니다. 그리고 이 일로 더 이상 에너지 소비 안하고 싶으니, 연락 주지 마세요."하더니 전화를 뚝 끊어버렸다.

'대체 무슨 일이 벌어진 거지?' 나는 당황할 수밖에 없었다. 그 동안 너무 안일하게 대응했다는 생각에 다음날 법무사와 논의하여 인도 명령을 신청하고 내용증명서를 집과 임차인의 직장에 등기 발송하였다.

내용증명서 발송 후 임차인과 몇 차례 전화 통화를 시도했다. 원만하게 합의하고 싶었으나, 서로 감정을 드러내며 언성을 높이는 상황이 빚어지기도 했다. 한때는 강제집행도 생각해 봤지만, 그렇게 되면 나 역시 시간과 돈을 낭비하게 되기 때문에 계속 대화를 시도했다.

임차인의 입장은 자신이 버티겠다는 게 아니라 배당을 받은 후에 나갈 수 있도록 이해해 달라고 했는데 내용증명이 집과 회사로 날아오자 감정이 상한 것이다. 먼저 약속한 날짜를 어긴 것은 임차인이었지만 마냥 싸우고 있을 수는 없어서 합의점을 찾기로 했다. 하지만 배당받을 때까지 기다려 줄 수는 없었기 때문에, 약속한 날짜에서 3주 후에 이사하기로 합의서를 작성했다. 그렇게 해서 우여곡절 끝에 낙찰 후 2개월 만에 명도를 완료했다.

부동산 경매 투자 과정에 있어 쉬운 명도도 있지만 어려운 명도도 있다. 대책 없이 자기 입장만 내세우는 임차인을 만날 수도 있다. 당황하고 전전긍긍하다 보면 임차인의 요구에 끌려가는 상황이 발생할 수도 있다. 하지만 승리의 키는 낙찰자에게 있다는 것을 기억해야 한다.

복잡한 과정을 거쳐 낙찰받은 집이 온전히 내 것이 되면 더 큰 성취감을 맛볼 수 있을 것이다. 만약 임차인이 배당을 받지 못하는 경우라면 어느 정도 이사비 지급을 생각하고 접근하는 편이 낫다.

나는 입찰을 결정하고 나면, 가급적 바로 임차인을 만나 미리 이야기를 나누려 노력한다. 임차인을 미리 만나 그들의 경매 관련된 지식을 확인하고 앞으로의 상황들을 이야기한다. 운이 좋으면 집안

내부까지도 볼 수 있고, 후에 명도 과정의 시간을 단축할 수도 있다.

명도할 때 점유자에게 인식시켜야 하는 것

1. 낙찰자는 점유자보다 법적 우위에 있다. 이기는 게임이다.

2. 점유자가 흥분하여 기물 파손이나 버티기를 할 경우 형사상 책임을 진다.

3. 강제집행을 하게 되면 비용 또한 점유자에게 재청구할 수 있다.

4. 법적 절차가 진행될 경우, 무상 거주했던 기간의 월세도 청구될 것이다.

# 입찰 프로젝트 D-30

| | | | | | | |
|---|---|---|---|---|---|---|
| **입찰 프로젝트 D-30** | | | | | | |
| Sun | Mon | Tue | Wed | Thu | Fri | Sat |
| | 1  D-30 | 2 | 3 | 4 | 5 | 6 |
| | 부동산 매커니즘 및 경매 이해 / 권리분석 및 경매 투자 7단계 이해 / 내 보유자금, 대출 금액 파악 | | | | | |
| 7 | 8  D-23 | 9 | 10 | 11  D-20 | 12 | 13 |
| | 물건 검색 & 권리 분석 | | | *입찰할 지역 / 가격 / 물건 종류 구체적으로 검색 *경매 성공 사례, 실패 사례 조사 | | |
| 14 | 15 | 16 | 17  D-20 | 18 | 19 | 20 |
| | 입찰할 물건 1~2개로 압축 (각종 자료 샅샅이 살펴보기) | | | *현장 조사 *최소 부동산 5군데 시세 파악 | | |
| 21 | 22 | 23  D-7 | 24 | 25 | 26 | 27  D-3 |
| | | 낙찰가 산출 수익율 작성 | | | | 입찰 준비 총정리 |
| 28 | 29 | 30 D-DAY | | | | |
| | | *취하 또는 변경 리체크 *입찰 (법원 10시전 도착) | | | | |

쉬운 경매 이야기_

PART
6

# 투자파트너 실전 사례

# 무열남의
# 투자 분투기

기존에 있는 것이 부서지지 않는다면 새로운 변화는 찾아오지 않는다. 사람의 성장 또한 마찬가지다. 우리는 늘 변화시키고 발전시켜야 한다. 부동산은 누구든 노력한 만큼, 많은 씨앗을 뿌릴수록 결실을 얻는 게임이라고 할 수 있다. 지금 내 주변 동료들, 직장인, 주부, 사업가, 학생, 보통 사람들도 부동산 투자를 통해 꿈을 현실로 만들어 가고 있다. 공부를 시작하고 1~2년 단기간 안에 다양한 경험과 괜찮은 성적을 보이고 있다.

6장에는 투자 파트너들 3인방의 (무열남, 폴, 청울) 의 실전 사례를 보도록 하겠다.

# 화끈한 경매 1타 3피!!!

나는 7년차 직장인이자 유부남 3년차이자 아빠 3년차의 대한민국의 평범한 남자이다. 누구나가 그렇듯이 나름 열심히 공부하고 학교와 직장을 다니고 그렇게 하루하루를 살아갔다. 직장에서 인정받기 위해 아침 일찍 나가서 저녁 늦게까지 '완생'하지 못한 '미생'의 삶으로 근근이 하루를 살아가고 있었다.

이러한 다람쥐 쳇바퀴 도는 시간이 조금씩 몸에 잘 맞는 옷이 되어 가고 있을 무렵 나는 한 권의 책을 접하였다. 바로 부동산 경매에 관한 책이었다. 그 책 한 권을 앉은 자리에서 뚝딱 다 읽고는 정말 오랜만에 느끼는 감정에 소름이 돋아났다.

"아, 이거다.
내 삶의 굴레를 벗어나고 전환시키기 위한 방법과 수단이다!"

그때부터 각종 커뮤니티와 강의를 참 많이도 다녔다. 그 흔한 토익 학원 문 앞까지도 가보지 않았던 내가 유명한 강사를 찾아다니며 배우고 있었다. 그리고 투자를 같이 할 수 있는 동료들 또한 만나게 되었다. 너무나도 감사한 일이다.

이렇게 아주 흔한 이유로 나는 경매를 시작했다. 정말 흔한 이유다. 책을 읽고 그냥 움직였을 뿐이다. 내가 그랬듯 이 글을 읽고 있는 사람도 바로 행동으로 움직였으면 한다. 움직일 수 있도록 작은 자극을 주자면, 어떤 광고의 카피를 전달하고 싶다.

"아무것도 하지 않으면, 아무 일도 일어나지 않는다."

경매 1타 3피

나는 현재 아파트 3채, 원룸 3채, 분양권 1개를 보유하고 있다. 지속적으로 투자를 하고 있고 지금은 경매를 기본 삼아 상가 투자를 준비하며 흐름을 읽고 꾸준히 공부하고 있다. 이러한 투자 포트폴리오에서 원룸 3채를 한 번에 받은 사례를 소개하고자 한다.

이름하여 "1타 3피"다. 그 다이나믹하고 재미있는 과정을 낱낱이 공개하고자 한다.

결혼을 하면서 경기도 남양주로 이사를 왔다. 남들은 소액투자를 하면 인천부터 시작한다던데, 인천으로 임장을 많이 가보았지만 너무 먼 거리에 아연 질색했다.(사실 인천에도 물건은 가지고 있다.)

열정이 넘치는 나지만 첫 투자로 커버할 만한 거리가 아니었기에 집에서 가까운 물건부터 관심을 가지기 시작했다. 일단, 집에서 가까우면 분위기와 변화, 주변 상황에 대해서 쉽게 파악하고 물리적으로도 장점이 있기 때문이다. 그러던 중 집에서 그리 멀지 않은 동네에 96세대의 원룸 건물에서 총 5개의 물건이 경매로 나왔다.

낙찰받은 물건 2번, 3번, 5번

자료 출처 : 굿옥션

5개의 물건 중에 1건은 이미 낙찰이 되어있고 4건이 진행되는 것이었다. 감정가 5천5백만 원의 물건이었고 이미 낙찰된 1건의 낙찰가는 감정가와 같은 5천5백만 원이었다. (1번 물건은 낙찰자가 미납하였고 그에 따라 재경매를 진행하였으며 위와 같이 5천1백1십5만9천 원 다시 낙찰됨) 1번 물건을 제외한 나머지 물건에 모두 입찰하였지만 위의 사진과 같이 2,3,5번 물건을 낙찰을 받았다. 공통점은 낙찰가가 9십9만9천9백9십 원으로 끝자리가 동일한 것을 보고 알 수 있을 것이다.

이 물건지에 처음 임장 갔을 때엔 와이프가 아파서 두 살배기 아들을 유모차에 태우고 같이 갔었다. 아기가 함께하는 임장이라 임차인들이 경계심을 한껏 낮추는 것을 느낄 수가 있었다. 임차인들을 모두 만나지는 못했지만 4개의 물건 중 2개의 물건의 임차인과 대면할 수 있었다. 유료 경매 사이트의 정보에서 임대차 관계를 확인할 수 있었지만, 전입신고가 되어 있지 않은 물건도 있어서 좀 더 자세히 확인하고자 일부러 임차인과의 만남을 가졌다.

시세를 확인하고자 주변 2~3곳의 부동산을 들렀고, 조금 거리가 떨어져 있지만 원룸촌의 부동산도 2~3곳 가서 시세를 알아보았다. 마침 건물의 분양을 주관했던 관리인을 운 좋게 만날 수가 있어서 시세를 잘 알 수 있었다. 시세를 어느 정도 파악하고 국토교통부의 실거래가를 조회하여 어느 정도 입찰가를 산정해야겠다는 마음을 가졌다.

시세를 정확히 파악하는 것이 승패를 좌우하는 것이다. 낙찰가 산정은 곧 투자자의 수익률에 직접적인 연관이 있기 때문이다. 또한 여기서 한 가지 안타까운 점이 있었다.

만나 본 임차인 중에 전입신고를 하여 최우선변제로 배당을 받는 사람이 있는가 하면, 시세보다 보증금을 훨씬 높게 내고도 전입신고를 하지 못하여 보증금을 다 날리는 임차인도 있었기에 입찰하기 전에 명도의 난이도도 파악이 되었다.(보증금을 배당받지 못하면 임차인이 이사하여 다른 집을 구할 돈이 없는 경우에 명도의 난이도가 높음.)

낙찰가를 집에서 미리 만들어 놓은 수익률 계산표에 산정을 하여 정하였다. 이제 입찰을 할지 말지를 결정해야 했다. 과연 이 물건이 가치가 있는지를 고민하였다.

입찰을 결정하게 된 주된 요인은 이 물건의 경쟁력이었다. 주변에 주차장을 완비하고 엘리베이터가 구비되고 경비아저씨가 상주하는 물건이 없었다. 상대적으로 경쟁력이 있었으며 공실이 거의 없고 임차인 입장에서 보았을 때 버스정류장도 가깝고 혼자 살기에는 좋은 선택이 될 것이라는 확신이 들었다.

회사에 휴가를 내고 아침 일찍 와이프와 함께 의정부지방법원으로 향했다. 다른 법원들은 여러 번 가본 적이 있었지만 의정부는 처음이라 생소했다. 4개의 입찰표를 작성해야 했기에 침착하게 물건번호를 틀리지 않게 잘 작성하고 일찍 입찰을 했다.

그날따라 법원은 북적북적했고 드디어 내 물건을 개찰하는 순서가 다가왔다. 4개의 물건 중에 동시에 3개의 물건에서 내 이름을 호명하였고 난 그날 법원에서 히로인이 되었다.

각 물건당 평균 18명 정도가 입찰을 하였고 2등 입찰가와는 약 110만 원 정도의 차이가 나는 결과였다. 또한 다른 낙찰 물건과 비교하면 200만 원 정도 저렴하게 낙찰을 받은 결과였다.

사실 나는 입찰가를 산정하는 과정에서 남들과는 다르게 한 가지

비용을 더 넣는다. 보통 다른 사람들의 경우 기존 시세에서 취득세, 법무비, 명도비, 공사비, 3개월 이자비용, 미납공과금(관리비) 등을 제외하고 입찰가를 산정하는데 여기서 나는 나 자신의 수고비를 최소 200만 원 산정하여 꼭 계산에 넣는다. 임장하며 왔다 갔다 하는 교통비와 내 하루 인건비, 휴가를 내고 법원에 가는 기회비용에 대한 산정 가격이다. 패찰을 하면 모든 기회비용을 잃어버리지만, 낙찰을 받는다면 남들과 다른 수익률을 얻을 수가 있기 때문이다.

**경락잔금대출, 인터넷 쇼핑처럼 꼼꼼히 비교하라.**
**명도는 신속하게 하지만 조급하지 않게!!**

낙찰 후에 법원을 나오면서 대출 상담사분들에게 명함을 받았고 어리둥절했지만 공부한 대로 경매계에 가서 정보공개 관련하여 여쭙고 3시 이후에 오라고 말씀하였다. 시간이 많이 남았고 직접 다녀와야겠다는 생각에 바로 낙찰된 해당 물건지로 향했다. 바로 명도를 진행하기 위해서였다.

물건지에 도착하고 바로 벨을 누르지 않고 메모로 관련한 사항에 대해서 짧게 적고 연락처와 함께 현관문에 붙여 놓았다. 총 3명의 임차인 중에 두 명에게서 연락이 왔다. 나머지 한 명은 일주일 정도가 지난 후에나 귀찮다는 듯이 연락이 왔다.

낙찰받은 물건의 임차인 중에 한 명만이 소액임차인으로 보증금 모두를 배당받으며 나머지 두 명은 보증금을 모두 날리는 상황이었다. 딱하게도 한 분은 보증금이 지금 시세의 세 배를 내시고도 다 날리는 판국이었다. 여기서 먼저 언급하고 글을 계속 이어 가자면 나는 이사비를 한 푼도 드리지 않았다. 다른 대안을 활용하여 설득의 과정을 거쳐서 명도를 진행하였다. (임차인 각각에 맞는 전략을 구상해야 한다. 사람들의 성향은 모두 다르다.)

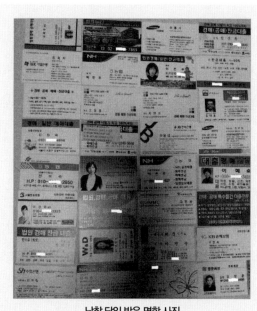

**낙찰 당일 받은 명함 사진**

경매계의 매각 개시 결정이 나고 잔금 납부 기간 내에 최종적으로 잔금을 납부해야 온전히 나에게 소유권이 넘어오므로, 명도를 진행하는 동시에 잔금 납부에 대한 경락대출을 알아보았다. 낙찰 당일 받은 명함들도 보고, 어떻게 알고 연락 온 것인지 문자를 보내 온 다양한 대출상담사 분들, 같이 투자를 하며 커뮤니티를 같이하는 동료들이 알려준 법무사, 여러 은행과 보험사, 심지어 신탁 대출까지 모두 알아보았다. 그리고 그중 가장 대출 금액이 많이 나오고 이율이 낮은 대출을 선택했다. 또한 거치 기간이 긴 것을 찾아서 진행했다.

이처럼 다양한 방법으로 여러 사람에게 문의해서 비교를 해야 좋은 상품을 찾을 수가 있다. 대출은 정말 인터넷쇼핑처럼 이율 비교와 거치 기간 비교를 꼭 해야 한다. 이 글을 읽는 여러분도 꼭 경매가 아니더라도 일반 매매를 통한 주택담보대출을 받는 상황이라도 다양한 대출 상품에 대해서 정성을 들여서 알아보길 권한다.

계속해서 명도에 대해 이야기하자면 각각의 임차인들은 관리비와 공과금 미납이 상당한 수준이었다.(약 18개월 치) 사실 이 부분은 관리사무소와 임차인 사이에서 조율하면서 공용 관리 부분만 대신 납부하는 전제 조건으로 명도를 진행하였다.(공과금은 임차인이 납부) 각 미납 관리비는 약 120만 원 정도였다.

하지만 관리사무소 소장님과 상의를 하고 경매 판례에 대한 부분을 언급하면서 협상을 하였고 공용 관리비 부분만 계산하여 정리하기로 하였다. 각 30만 원 정도로 미납관리비 총 360만 원에서 90만 원으로 합의를 보았고 270만 원을 절약할 수 있었다. 이 사실은 임차인이 알지 못하였다. 따라서 협상의 주도권은 점점 나에게로 기울어져 가고 있었다.

또한 앞서 보증금 전액을 배당 받은 임차인의 경우 명도확인서를 써주는 것으로 잔금 납부 전에 명도를 완료할 수가 있었고, 보증금을 날리는 한 분은 관리비 대납으로 이 분 또한 잔금 납부 전에 명도를 완성할 수가 있었다. 다만 명도확인서는 이사 당일 모든 짐을 빼고 건축물의 하자가 없는 경우에 줄 수 있다는 점을 명시해 두었다. 이사 당일 건달 같아 보이는 남자 여러 명이 같이 있었지만, 두려움을 무릅쓰고 이사를 완료한 후에 당당하게 명도확인서를 전달하였다. 두 명의 임차인을 어렵지 않게(?) 설득하여 수월하게 명도를 진행하였다.

하지만 사정이 딱한 나머지 한 분의 경우, 정말 오도가도 못 하는 상황이라 약 한 달 반이라는 시간이 소요되었다. 오히려 강하게 나오는 사람이 다루기 편하지 이렇게 어려우신 분들의 명도는 더 어려운 것 같다. 사정이 딱한 것은 충분히 알고 있었지만 대출 이자와 수익률이라는 부분을 생각하고 한 달 정도의 시간을 드렸지만 여전히 시간을 끌고 있었다.

안타깝고 아버지뻘 되는 연세의 임차인이고 사정이 안 되어 강경하게 하지 못했다. 아니 일부러 안 했다. 전화상으로나 대면할 때나 언제나 그 분의 이야기를 먼저 들어드리고 그 분의 사정이 딱함을 마음으로 공감해 드렸다. 내가 무조건 이기는 싸움이지만 서로의 감정이 상하지 않고 오히려 배 째라는 식으로 하면 시간과 비용이 더욱 들어가기 때문이었다. 하지만 일 처리는 확실히 하기 위해 내용증명에 대한 부분을 말씀 드리고 어쩔 수 없다는 부분을 꼭 명시해 드렸다. 당시 사용한 내용증명의 내용은 다음과 같다.

---

## 내 용 증 명 서

■ 수신인 : 000 (전화번호 : 010-0000-0000) 경기도 남양주시 00동 000 00-00

■ 발신인 : 000 (전화번호 : 010-0000-0000) 경기도 남양주시 00동 000 00-00

제 목 : **경매 낙찰 부동산 잔대금 납부에 따른 불법거주 즉시 중단과**
**퇴거 및 명도 이행 촉구, 유의 사항 알림**

경매낙찰 부동산의 표시 : 경기도 남양주시 00동 000 00-00

---

발신인은 20XX년 XX월 XX일 의정부지방법원에서 진행된 201X타경 00000 부동산 경매사건에서 상기 부동산을 낙찰받아 20XX년 XX월 XX일 매각 잔대금을 완납한 상기 부동산의 소유자입니다.

발신인이 명도 등과 관련하여 매번 협상을 진행하였으나 부득이하게 협상이 되지 않아 서면으로 본 부동산의 경매 매각 이후 진행사항에 대해서 알려 드리오니 수신인이 민. 형사상 불이익 또는 사회적 위신 등의 손상이 없도록 각별히 유의하시기 바랍니다.

– 아 래 –

1. 귀하의 무궁한 발전을 기원합니다.

2. 발신인은 20XX년 XX월 XX일 잔대금을 완납하여 경매 강제매각절차의 소유권 취득시기를 규정한 민사집행법 제 135조에 따라 매각목적 권리, 즉 소유권을 취득하게 되어 상기 잔대금 납부일 기준으로 상기 부동산의 완전한 소유권자가 되었음을 알려드립니다.

3. 따라서 본 내용증명 발신일 (20XX년 XX월 XX일) 현재 귀하 및 귀하의 가

족/동거인 등이 상기 부동산을 점유하고 있다면 이는 명백한 불법거주인바, 상기 부동산에서 즉시 퇴거함이 마땅하며, 수신인의 새로운 거주지를 마련하는 데에 상황을 고려하여 한 달 이상의 시간을 주었음에도 불법으로 거주하여 본 내용증명을 발신함을 알려드립니다.

4. 발신인은 수신인의 상황을 고려하여 마지막으로 20XX년 XX월 XX일까지 수신인 및 수신인의 가족, 동거인, 점유자 등은 상기 부동산에서 전원 퇴거를 바라며, 퇴거 즉시 적법한 소유자인 발신인에게 상기 부동산을 인도하여 주시길 바랍니다.

5. 귀하께서 이사하실 때까지 낙찰일(20XX년 XX월 XX일)로부터 약 XX 주가량의 시간적 여유를 드린 것은 발신인의 금전적 손실(대출 이자 지급 및 임대료 수익 기회 상실)에도 불구하고 수신인의 개인 사정으로 고려하여 발신인이 취해 드릴 수 있는 마지막 최대한의 조처라는 것에 대해서 귀하의 깊은 이해를 부탁드리며, 20XX년 XX월 XX일 까지 서로 원만하게 상기 부동산에 대한 인수인계가 이루어질 수 있도록 협조 부탁드립니다.

6. 또한 그러한 일이 발생하리라고는 생각하지 않지만, 만의 하나 상기 기한(20XX년 XX월 XX일)을 넘겨 상기 부동산에 대한 귀하의 점유가 계속될 경우 발신인은 매각대금 잔금일(20XX년 XX월 XX일)을 기준으로 월세에 상당

하는 부당 이득금 및 그에 따른 지연이자를 귀하께 청구하는 것은 물론 부동산 인도 강제집행을 법원에 청구할 수밖에 없을 뿐 아니라, 그와 관련한 비용과 상기 부동산과 관련한 미정산 제세공과금 등 기타의 비용에 대해서도 귀하께 구상권을 청구할 것인바, 귀하께서 불필요한 비용과 시간을 낭비하지 않도록 상기 부동산에 대한 기한 내 명도를 다시 한 번 촉구 드리오니 귀하의 현명한 판단으로 모든 일이 원만하게 매듭지어지기를 진심으로 바라는 바입니다. 참고로 말씀 드리면 요즘 경매법은 민사집행법으로 바뀌어 소송 없이 간단하게 인도명령에 의해 귀하 거주지의 모든 살림을 순식간에 들어내는 집행을 할 수 있게 되어 있습니다.

7. 6번 사항에 대해서 자세히 정리하는 바 (상기 부동산에 관한 부당이득금 청구 및 재산 압류), 상기의 강제집행비용(약 0000원) 등으로 귀하는 발신인의 잔금납부일인 (20XX년 XX월 XX일)부터 상기 부동산을 명도한 시점까지 매월 0000원(본 부동산 감정가의 1%로 부가가치세가 포함된 보증금 없는 월 임료대 임)에 해당되는 금액을 청구하는 부당 이득금 반환 청구 소송을 제기할 예정이오며, 관리 미납금(약 0000원), 명도기간 중에 협상결렬 및 약속 불이행으로 인한 정신적인 피해보상비 또한 청구 할 예정입니다. 위 판결이 확정되는 즉시 귀하의 재산에 압류조치가 될 것이며 해당 금액이 변재 되기 전 까지 연 15%의 지연이자 또한 청구 될

것입니다.(법적으로 낙찰자의 잔금납부일로부터 부당이득반환의무가 있습니다.)(15% 지연이자는 소송 촉진 등에 관한 특례법으로 2015년 10월 01일에 15%로 조정됨)

― 명백한 무단 점유(불법 점유) 형법 제 319조 (주거침입 및 퇴거불응), 형법 제 349조(부당이득), 형법 제 315조(경매, 입찰의 방해)등의 조항에 저촉되어 형사 처벌의 대상이 될 수도 있음을 알려드립니다.

8. 앞서 말씀 드린 상기 사항은 수신인께서 20XX년 XX월 XX일 이후로도 상기 부동산을 무단으로 점거하여 불법거주를 지속하였을 때에 진행하는 절차로써 최악의 경우를 가정한 것으로 수신인의 불이익을 우려하여 법률 조항 사실 확인 차원에서 알려드리는 바이오니 수신인의 오해 없으시길 바랍니다.

9. 발신인과 대리인, 수신인이 서로 돕는 가운데 20XX년 XX월 XX일 에 수신인의 이사가 확인 된다면 모든 일이 원만하게 마무리 되는 것으로 그에 대해서 간절히 바라오며, 귀댁의 건강과 건승을 기원합니다. 끝.

20XX년 XX월 XX일 위 발신인

0 0 0 (인) (010―0000―0000)

위와 같은 내용증명의 활용은 상대방의 기분을 나쁘게 할 수도 있고 두려움에 휩싸이게 하여 명도 진행을 빠르게 할 수 있다. 선순위임차인(말소기준권리보다 전입신고가 빠른 임차인)의 경우를 제외하고 내가 무조건 이기는 싸움이지만 명도의 속도가 수익률을 좌우한다. 우리는 감정싸움을 승리하기 위한 것이 아니므로 수익을 얻기 위해서 때로는 고개를 숙일 줄 알아야 한다.

앞서 내용증명을 받은 임차인 분께서는 고맙고 감사하다는 이야기를 하시면서 나가셨다. 지금도 가끔 연락이 오곤 한다. 생각을 해보면 배려라는 것을 해 드린 것이다. 명도확인서를 주는 분에게는 강하고 단호하게 접근했으며 다른 분께는 배려있게 접근해 드렸고 다른 한 분은 이성적으로 설득하였다. 이처럼 명도는 각각의 상황에 맞게 임차인의 성향에 맞게 행동하고 때로는 강하게 때로는 약하게 '밀당'을 잘해야 한다고 생각한다.

잔금납부를 진행하며 명도를 진행하였고 한 분씩 명도가 완료되는 대로 물건에 대한 화장(수익실현을 위한 건축물의 수리)을 시작하였다. 어느 과정마다 정해진 틀은 없고 상황의 진척에 따라서 경매의 프로세스를 진행하면 되는 것이다.

각각을 화장(수리)하는 데에 있어서 공사비는 한 푼도 들지 않았다. 그렇다고 전부 수리가 되어 있는 물건 또한 아니었다. 외부와 맞닿아 있는 벽에는 곰팡이 흔적이 있었고 화장실 세면대는 기울기가 어긋나 있었다. 또한 한 곳에서는 누수가 있었고 한 곳에서는 콘센트와 천장 등에 전기 배선의 문제가 있었다.

많은 문제가 있었지만 공사에 대한 것은 관리사무소 소장님과 경비 아저씨가 도와 주셨고, 나머지 시공은 대부분 셀프로 완료하였다. 사실 그리 멀지 않은 거리였지만, 이러한 소소한 문제를 해결하기 위해 왔다 갔다 하는 시간을 내는 것은 직장인이자 아빠로서 쉽지 않은 일이다. 그렇기 때문에 주변인을 적극 활용하는 것이 중요하다.

곰팡이 벽면 도배 셀프 시공 전, 후

누수는 관리사무소 소장님께서 해결해 주셨고 전기 배선 문제는 경비 아저씨가 해결해 주셨다. 그리고 일부 도배와 세면대 조정은 직접 시공하였다. 이렇게 그분들이 자기 물건처럼 문제를 해결해 주시기까지는 그저 박카스 한 박스와 귤 한 봉지의 작은 성의가 전부였다. 사람은 때론 값진 것보다 작은 성의와 관심에 더욱 감동을 받기 마련이다. 경매든 매매든 부동산은 다 사람이 하는 일이기 때문에 조금 더 성의 있게 신경을 쓴다면 복잡하게 얽혀 있는 이해 관계자와도 좋은 관계를 맺을 수 있을 것이다.

세면대 셀프 시공 전, 후

이제는 우리의 목표이자 우리가 경매를 하는 진정한 이유인 마지막 수익 실현 단계이다. 사실 주변의 시세는 경매를 입찰하기에 앞서 모두 파악해 놓았기 때문에 보증금과 월세를 얼마로 세팅할지는 정해져 있었다. 다만 큰 문제는 세팅할 금액에 임차인이 맞춰지는 것이다. 공실은 투자자의 가장 큰 리스크다. 이 부분을 극복하기 위해서 앞서 했던 모든 과정의 노력만큼 시행해야 한다고 생각한다.

네이버를 보고 근처에 위치한 부동산 20곳에 전화를 돌려서 내놓았다. 그리고 우선순위로 정렬을 하여 가장 많은 매물을 보유한 부동산 5곳에 직접 PPT로 만든 홍보용 전단지를 프린트해 브리핑하며 매물을 내놓았다.(사실 큰 물건도 아니고 이렇게까지 할 필요는 없다.) 이렇게 매물을 가장 많이 보유한다는 것은 부동산 자체적으로도 열심히 일을 하고 주변의 눈에 띄는 곳에 위치한다는 이야기와 같다. 그리고 직거래 애플리케이션인 직방, 다방, 피터팬 등 부동산 애플리케이션을 활용하여 물건을 내놓았다. 건물을 분양할 때부터 물건 관리를 해온 관리인에게도 물건을 주었다.

이렇게 물건을 다방면으로 내놓고 장점을 강조한 브리핑과 광고를 통하여 정말 공실 없이 모두 임차인을 맞출 수가 있었다. 총 3개의 물건 중에 2건은 직거래를 통해서 부동산 중개수수료를 절약하였고, 한 곳은 부동산을 통해서 거래를 진행하였다.

공실 기간을 줄이는 것은 바로 수익률과 연결된다. 본 물건은 금액이 크지 않기에 큰 부담은 없었지만 몇억, 몇십억 되는 상가 건물 같은 경우에 공실이 생겨서 이자를 몇 개월 계속 부담하게 된다면 밤에 잠도 못 잘 것이다. 매달 월급 이상의 이자가 빠져나가는 것이 불면증의 시작일 것이니 말이다.

그러므로 큰 물건일수록 공실의 Risk를 생각하고 수익률을 고민하면서 투자를 해야 한다. 당연한 이야기지만 사실 무턱대고 '묻지마 투자'를 하게 되는 경우도 있으니 꼭 명심하길 바란다.

따라서 이 물건의 수익률은 다음과 같다. 작은 물건이기에 명도비용과 공사비, 중개(직거래) 등 작게 추가되는 비용들 또한 수익률에 상당한 영향을 주기에 최대한 셀프로 진행하였고 그에 따라서 상당히 높은 수익률이 나왔다.

## 남양주 호평동 다세대(원룸)

낙찰가: 48,999,990원
당시시세: 65,000,000원
명도 후 바로 매도함

| 투자내역 | | 초기비용 | | 수익(단순계산) | |
|---|---|---|---|---|---|
| 감 정 가 | 55,000,000 | 세금 및 등기 | 839,000 | 매 도 가 | 60,000,000 |
| 낙 찰 가 ( 9 2 % ) | 48,999,500 | 명 도 비 용 | – | 총 취 득 가 | 48,999,500 |
| 대 출 (감정가70%) | 38,500,000 | 기 타 (중개수수료, 미납관리비) | 300,000 | 차 익 ( 4 ) | 11,000,500 |
| 잔 금 ( 1 ) | 10,499,500 | 합 계 ( 2 ) | 1,139,000 | 월 세 | 350,000 |
| 총 투 자 금 ( 1 + 2 ) | 11,638,500 | | | 대 출 이 자 ( 3 % ) | 96,000 |
| 월세보증금 ( 3 ) | 5,000,000 | | | 월 순 수 익 ( 5 ) | 254,000 |
| 최종투자금 ( 1 + 2 - 3 ) | 6,638,500 | | | 수 익 율 ( 6 ) | 45.9 % |

| 투자 summary | |
|---|---|
| 물건 특징 | 월세가 비싼 역세권 원룸을 제외하고 주차장과 엘리베이터 완비된 원룸이 없음(경쟁력 확보) |
| | 투자금 대비 수익률이 높으며 아파트 단지내 중심에 위치함 |
| 리스크 관리 | 매매 출구 전략을 확립하고 들어갔으며 금리가 상승하더라도 파급효과 미비하여 리스크 관리 확보 |
| | 물건의 하자 보수를 셀프로 진행 및 중개 수수료 절감을 통한 투자금 감소 수익률 극대화 |
| 교훈 | 무엇이든 사람이 하는 일이며 감정에 대한 control이 중요하다. |
| | 투자를 결심한 순간 가장 적은 금액으로 물건을 매입하는 것, 그것이 리스크 관리이다. |

현재의 물건은 낙찰과 동시에 출구 전략을 생각해 놓았다. 옆에 유치권을 행사하던 토지가 아파트로 변모해 가고 있어서 주변 환경이 더욱 좋아져서 물건의 가치가 올라갈 시점 약 2~3년 후에 매도할 생각이다. 그때까지 나에게 현금 흐름을 만들어 줄 것이고 황금알을 낳는 거위로 내 곁을 지켜 줄 것이다.

위의 사례처럼 나는 월급만 받는 평범한 직장인에서 월급 이외에 월세를 받는 투자자의 길로 걸어가고 있다. 사실 너무 단편적인 이야기만 해서 마음에 와닿지 않을 수 있을 것 같다.

사실 회사에서는 이런 활동을 하는지 잘 모른다. 회사에서도 최선을 다해서 일하기 때문이다. 나는 마음이 편하다. 생활이 즐겁다. 미래가 보장되지는 않았지만 지금 이렇게 남들이 흥청망청 소비를 할 때 개미와 베짱이에 나오는 개미처럼 미래를 하나하나 준비하고 있다.

많은 소비를 아껴 하나의 투자로 이어나가고 있는 중이다. 이 글을 읽는 여러분께 드리고 싶은 말이다. 회사 생활을 정리하고 투자자의 길을 가는 것도 일반인이 할 일은 아니다. 우리는 한 걸음 한 걸음 하나 둘씩 일구어 나가면 된다.

서두에 던진 말이 있다. "아무것도 하지 않으면 아무 일도 일어나지 않는다." 지금 행동하지 않으면 바뀌는 것은 없다. 현재를 바꾸지 않는다면 여러분의 인생도 바뀌지 않을 것이다. 한 번쯤 무너지더라도 다시 일어나면 된다. 나중에 큰 시련이 다가올 때 역으로 바뀔 가능성이 높을 것이다.

나는 매일 여러 고수들의 칼럼을 보고 책을 보고 여러 사이트의 자료를 분석하여 엑셀로 정리를 한다.

나는 대단한 사람이 아니다. 그저 한 걸음씩 앞을 보고 걷고 있는 중이다. 함께 이 즐거움을 즐겼으면 한다. 여러분 그리고 나 자신의 건승을 빈다.

# 폴(POL)의
# 투자 분투기

## 끊임없이 공부하는 자가 승리한다

2015년 가을, 나는 집주인이 우리 집의 전셋값을 4천만 원이나 올리는 걸 목도했다. 우리 가족은 경기도 고양시의 원당이라는 동네의 1억 8천만 원짜리 약 34평형의 주상복합 아파트에 살았는데, 2년 전 계약 가격인 1억 8천만 원에서 4천만 원을 올린 2억 2천만 원이 전세보증금액이었다.

나의 아버지와 어머니는 4천만 원이나 오른 전셋값에 당황했고, 잦은 말싸움을 하셨다. 결국 우리 집은 7천만 원에 전세를 줬던 원래 소유했던, 1980년대에 지어진 소형아파트에 다시 입주를 했다.

부동산에 지식이 전무했던 나는 도대체 왜 전셋값이 2년 만에 뛰는 거냐며 어이없어 하면서도 부모님에게 조금이라도 도움이 되기 위해 서점에서 부동산 관련 서적을 뒤지기 시작했다.

그리고 부동산을 공부한 지 몇 달 후인, 2015년 11월 11일 첫 번째 낙찰을 경험했다. 그리고 2015년 11월 25일 두 번째 낙찰, 2016년 1월 6일 세 번째 낙찰을 받았다. 그리고 2016년 8월 일반 매매, 9월에는 경매로 공동투자를 감행하여 총 5건의 부동산 투자를 했다.

네 건의 월세 투자, 한 건의 전세 투자다. 이렇게 나열하니 경매에 입문하는 사람들 입장에서 보면 꽤나 많은 투자 실적과 경험이 쌓였을 거라 생각하겠지만 전혀 그렇지 않다. 직장인 생활의 절박함과 저지르는 용기가 있었을 뿐이다. 비록 계기는 우리 집 전셋값 폭등이었지만 말이다.

그리고 현재 이 글을 쓰고 있는 지금, 우리 가족은 고양시 행신동에 있는 작은 아파트를 매매하여 살고 있다. 이제야 가족 모두가 용기를 내어 실거주할 아파트를 매매한 것이다. 가장 필요한 투자, '기댈 수 있는 집'에 투자한 것이다.

## 투자 물건 소개 및 투자 이유

### (1) 2015-8489 경기도 고양시의 투룸 빌라

2015년 겨울 전세 만기로 우리 가족은 원래 살던 동네로 돌아갈 수밖에 없었는데, 이 집은 원래 우리 가족이 살던 집이 있던 동네의 빌라였다. 2004년 사용승인의 투룸 빌라, 많은 경매 서적에서 나오듯이 살던 동네이기에 자연스레 물건의 특징에 대해서 파악이 가능했다.

부동산에서는 왜 굳이 경매로 매매하냐며 부정적인 말을 많이 했지만, 옛날부터 타인의 부정적인 말을 잘 듣지 않는 내 귀에는 전혀 들어오지 않았다. 기본적으로 이 물건이 있는 동네는 재정비 촉진 지구였지만 전혀 '정비될', '정비할' 의지가 없는 동네였다.

따라서 이 지역은 1970~1990년대에 지어진 저층 아파트나 연립 주택, 빌라들이 대부분이었는데, 해당 물건은 2004년에 지어졌으므로 '비교적 신축물건'이었다. 게다가 1층은 필로티 타입이라 주차도 가능했다. 그리고 왠지 모르게 깨끗한 이미지에 끌렸다. 그래서 입찰하기로 마음먹었다.

회사에서도 전혀 일이 되지 않았다. 입찰하기 며칠 전부터 회사에서 내가 했던 일은 수익률 계산 무한 반복. 지금 와서 생각해 보면 잘려도 억울하지 않을 정도의 업무 태만이었다. 그리고 입찰일

당일, 떨리는 마음으로 가격후보 중 두 번째로 비싼 가격으로 입찰을 했다. 결과는 낙찰!! 기쁜 마음을 애써 억누르고, 집으로 돌아가 불과 우리 집과 200미터밖에 떨어져 있지 않은 '그 집'의 초인종을 눌렀다. 한 아주머니가 나왔다.

낙찰 사실에 대해서 알리고, 경매 스터디에서 배웠듯이 제3자의 입장으로 그 분을 대했다. 처음으로 부동산을 낙찰받았다는 사실에 흥분을 감출 수 없었던 나. 그리고 채무관계로 인해 자신의 집을 잃은 소유자. 첫 투자가 매우 기뻤지만 기존 점유자와 협상을 해 보니, 마음이 착잡했다.

남편 분께서 사업을 하느라 지인에게 집을 담보로 돈을 빌렸던 게 화근이었다. 은행 빚은 착실히 갚고 있었지만 지인에게 빌린 2천만 원을 갚지 못해 지인의 경매 신청으로 집을 잃은 것이었다. 급기야 전 소유자 아주머니는 눈물을 보이셨다. 또 얼마에 받으셨냐고 질문했고, 나는 9천만 원에 받았다고 하니 더욱 슬퍼하시는 듯했다.

어쨌거나 나는 이 부동산을 자선 사업을 위해 낙찰받은 것이 아니었다. '월세 수익'을 위해 낙찰받은 것이므로 슬슬 잔금 납부와 더불어 명도를 진행시켜야 하는 게 낙찰자의 숙명이었다. 첫 방문에 쇼크를 받은 듯한 아주머니를 위로해 드리고 나는 다음 방문할 때 음료수 한 박스를 들고 다시 그 집을 찾았다.

이번에는 집에 들어가 양해를 구하고 사진도 찍고 이런저런 이야기도 나누고 차후 진행절차에 대한 설명을 해 주었다. 아주머니는 계속 살고 싶다는 의향을 내비치셨고, 남편 분과 상의 후에 다시 연락을 준다고 했다.

며칠 뒤 남편 분으로부터 전화 연락이 왔다. 요약하자면, 은행 빚은 밀리지 않고 상환했기에 잉여배당금이 있을 거라는 것. 재계약을 하고 싶고, 시세보다 싼 월세 계약을 원했다. 그러나 나도 잔금 납부를 하게 되면 대출에 대한 이자를 부담해야 한다. 게다가 궁극적인 목표인 만족할 만한 임대수익을 내야 한다! 그래서 나는 남편 분께 최종 선고를 해 버렸다. 1500/45만 원 계약이 아니면 재계약은 힘들겠다고 했다.

결국 나는 시세보다 500만 원이 비싼 보증금에 45만 원의 월세를 받게 됐다. 드디어 배당 기일, 그 날 저녁 나는 퇴근 후에 미리 준비해 둔 계약서 2부로 계약을 했다. 최종 잔금을 받고 난 후의 실투자금 대비 수익률은 무려 62%. 실투자금 440만 원에 매월 23만 원의 현금 흐름이 생기는 투자를 한 것이다. 초심자의 행운이었다. 이에 대한 사항을 아래 도표를 통해 소개하고자 한다.

## 고양시 주교동 다세대(투룸)

낙찰가: 89,999,900
당시시세: 106,000,000

| 투자내역 | | 초기비용 | | 수익(단순계산) | |
|---|---|---|---|---|---|
| 감　정　가 | 106,000,000 | 세금 및 등기 | 1,200,000 | 현 재 시 세 | 110,000,000 |
| 낙　찰　가<br>( 9 2 % ) | 89,999,900 | 명 도 비 용 | – | 총 취 득 가 | 91,274,900 |
| 대　　　출<br>(감정가70%) | 71,900,000 | 기　　　타<br>(중개수수료,<br>미납관리비) | 75,000 | 차　　　익<br>(　4　) | **13,725,100** |
| 잔 금 ( 1 ) | 18,099,900 | 합 계 ( 2 ) | **1,275,000** | 월　　　세 | 450,000 |
| 총 투 자 금<br>( 1 + 2 ) | 19,374,900 | | | 대 출 이 자<br>( 3 % ) | 220,000 |
| 월세보증금<br>(　3　) | 15,000,000 | | | 월 순 수 익<br>(　5　) | 230,000 |
| 최종투자금<br>( 1 + 2 - 3 ) | **4,374,900** | | | 수　익　율<br>(　6　) | **63 %** |
| 투자 summary | | | | | |
| 물건 특징 | 2004년 사용승인의 투룸 빌라, 주차가능 | | | | |
| | 발코니가 넓음, 현관 보안문 장치 있음 | | | | |
| 리스크 관리 | 특별히 없음 | | | | |
| 교훈 | • 주변 건축물(1970~1990년식)과 비교해 비교적 임대료가<br>　높았던 점<br>• 2000년대 초반 건축물이라 해도 주변 건축물의 노후도에<br>　따라 신축급이 될 수 있다. | | | | |

소유자가 잉여배당금을 1천8백여만 원을 받는 상황이었기에 수리비와 명도비가 들지 않았고, 재계약도 멋지게 해냈다. 지금도 첫 계약일의 감동과 흥분을 잊지 못한다.

### (2) 2015-10167 인천 부평구, 부평시장역 인근 쓰리룸 빌라

세 번째의 낙찰이었다. 물건에 대한 감정가를 확인하고자 직접 현장을 가보았다. 부평시장역이 아주 가까운 오피스텔과 연립 주택이 섞인 건물이었다. 1~5층까지가 오피스텔이고, 6~9층까지가 연립 주택이었다.

그리고 2011년 사용승인이었다. 부동산 시세 조사에 나섰다. 부동산은 고맙게도 마침 내가 입찰하려는 건물의 7층과 8층 각각 물건 2개를 보여준다는 게 아닌가!? 나는 매우 흥분했지만 태연한 척 부동산을 따라갔다. 하나는 전망이 막혀 있어 별로인 2,000/70의 월셋집이었고 다른 하나는 구조나 전망이 좋았지만 가격이 1억 8천만 원이라 했다.

객관성을 조금 더 확보하기 위해 부동산을 한 군데 더 방문했다. 조사시세로는 오피스텔 1억 4천5백만 원, 연립주택 1억 6천5백만 원이었다. 조사대로라면 해당 물건은 연립주택이므로 1억 6천5백만 원! 그러나 법원의 감정가는 1억 4천5백만 원! 틀림없이 이 물건은 감정가가 저평가된 것이었다.

그래서 나는 바로 입찰하기로 마음먹고 과감한 입찰가를 써 냈다. 결과는 낙찰! 무려 23명 입찰에 당당히 1등을 했다. 그때의 기분은 정말 짜릿했다. 직접 현장답사를 통해 정확한 시세 파악을 한 뒤 과감하게 쓴 금액에 낙찰을 받다니! 나의 노력이 결실을 맺은 것 같아 매우 기뻤다.

### 부평구 부평동 다세대(쓰리룸)

낙찰가: 13,799,900원
당시 시세: 165,000,000원

| 투자내역 | | 초기비용 | | 수익(단순계산) | |
|---|---|---|---|---|---|
| 감 정 가 | 145,000,000 | 세금 및 등기 | 2,000,000 | 현 재 시 세 | 165,000,000 |
| 낙찰가(92%) | 137,999,900 | 명 도 비 용 | 1,000,000 | 총 취 득 가 | 141,199,900 |
| 대 출 (감정가70%) | 101,500,000 | 기 타 (중개수수료, 미납관리비) | 200,000 | 차 익 ( 4 ) | **23,800,100** |
| 잔금 ( 1 ) | 36,499,900 | 합 계 ( 2 ) | **3,200,000** | 월 세 | 650,000 |
| 총 투 자 금 ( 1 + 2 ) | 39,699,900 | | | 대 출 이 자 ( 3 . 9 5 % ) | 325,000 |
| 월세보증금 ( 3 ) | 20,000,000 | | | 월 순 수 익 ( 5 ) | 325,000 |
| 최종투자금 ( 1 + 2 - 3 ) | **19,699,900** | | | 수 익 율 ( 6 ) | **19.8 %** |
| 투자 summary | | | | | |
| 물건 특징 | 부평시장역에서 1분 거리에 있는 초역세권 연립 주택 | | | | |
| 리스크 관리 | 위치가 좋아 공실 위험이나 매도 위험은 특별히 없음 | | | | |
| 교훈 | 초역세권 빌라는 임대 시, 부동산에서 임대인의 요청사항을 다 들어준다. | | | | |

그리고 바로 명도 작업에 돌입! 끈질기게 방문하여 메모를 남겼다. 한동안 연락이 없다가 드디어 점유자의 어머니와 연락이 닿았고, 실제 살고 있는 분들은 따님들이었는데 결과만 말하자면 이 물건은 잔금을 치르기도 전에 명도가 가능했다.

경매업체 직원을 가장하고 잔금 치르기 전에 집을 비워주면 이사비 100만 원을 드리겠다고 했던 게 주효했다. 그리하여 이 물건은 잔금 전, 명도를 마치고 수리를 모두 하고 설을 지낸 후에 잔금을 치렀다. 그리고 2주 만에 바로 임대차 계약을 했다.

부평시장역에서 매우 가까웠으므로 부동산에서도 전화가 꾸준히 왔다. 입지 좋은 부동산을 가지는 게 이런 기분이구나 하고 마음껏 만끽했다.

월세도 미리 선불 조건으로 특약을 넣어 계약했다. 역시 초역세권 부동산의 힘이란 바로 이런 것을 말하는 거구나 하고 생각했다. 그리하여 이 물건의 수익률은 18%. 최종 2천여만 원의 실투자금으로 매월 32만5천 원의 임대 수입을 얻고 있다. 다소 실투자금이 많이 든 것이 아쉽지만 나중에 매도 시에는 약 2천만 원 이상의 시세 차익을 가져다 줄 것이기에 효자 물건 중에 하나이다.

### (3) 일반매매, 부천시 송내동의 투룸 빌라

이 물건은 부천역 인근의 실평수 10.9평의 투룸 빌라이다. 2001

년 사용승인의 필로티 타입의 빌라다. 사실 이 물건은 처음에는 매매할 의향이 있던 물건이 아니었다. 인근의 똑같은 스펙의 경매 물건을 보러 갔다가 우연히 중개사 분이 보여 줬던 물건이었다. 사실 보려고도 하지 않았던 5층 물건이었지만, 그래도 한 번 볼까? 하는 마음에 가서 물건을 봤고, 다른 물건과 비교해 보니 입지 조건 대비 가격이 저렴했다.

현장 조사 이후 경매 물건을 9천2백만 원 정도에 입찰하려고 했으나 해당 매매 물건의 가격은 8천5백만 원이었다. 위치도 좋고, 내부 확인도 가능했기에 몇 주 뒤, 1백만 원을 깎아서 8천4백만 원에 계약했다. 그러나 일반 매매는 대출이 많이 나오지 않아 실투자금이 많이 든다는 특성을 감안해야 했다.

그러나 1천2백만 원을 투자하여 26%의 수익률이 가능한 물건이다. 하지만 해당 물건에 대한 자서를 할 때, 아버지 명의를 빌려 취득했는데, 아버지께서 원금 상환 조건을 선택해 버리셔서 수익률은 9%로 떨어져 버렸다. 하지만 그럼에도 불구하고 이 물건은 매월 10만 원의 월세 수익을 주고 있으며 현 시세로 매도하면 양도소득세를 제하고도 600만 원가량의 시세차익을 가져다 줄 효자 물건이다. 이 물건에 대한 수익률은 다음과 같다.

## 부천시 송내동 다세대(투룸)

매매가: 84,000,000원
당시시세: 95,000,000원

| 투자내역 | | 초기비용 | | 수익(단순계산) | |
|---|---|---|---|---|---|
| 현 시 세 | 100,000,000 | 세금 및 등기 | 1,150,000 | 현 재 시 세 | 100,000,000 |
| 매 매 가 | 84,000,000 | 명 도 비 용 | - | 총 취 득 가 | 86,650,000 |
| 대 출 | 55,000,000 | 기 타<br>( 수 리 비 ,<br>중개수수료) | 1,500,000 | 차 익<br>( 4 ) | 13,350,000 |
| 잔 금 ( 1 ) | 29,000,000 | 합 계 ( 2 ) | 2,650,000 | 월 세 | 400,000 |
| 총 투 자 금<br>( 1 + 2 ) | 31,650,000 | | | 대 출 이 자 ,<br>원 금<br>( 2 . 7 9 % ) | 300,000 |
| 월세보증금<br>( 3 ) | 20,000,000 | | | 월 순 수 익<br>( 5 ) | 100,000 |
| 최종투자금<br>( 1 + 2 - 3 ) | 11,650,000 | | | 수 익 율<br>( 6 ) | 10.3 % |
| 투자 summary | | | | | |
| 물건 특징 | | 부천역에서 자유시장을 통해 나오면 바로 물건이 위치 | | | |
| 리스크 관리 | | 자유시장 인근 평지 대로변 후면에 위치한 소형 빌라라 임<br>대 수요에 대한 수요가 끊임없이 있어 특별한 위험은 없음 | | | |
| 교훈 | | 투룸에 주차 가능한 빌라의 수요는 상상 이상으로 많다. | | | |

일반 매매는 경매와 같이 명도 비용이 발생하지 않기 때문에 별
도의 명도 비용이 발생하지 않는 게 장점이다. 그러나 대출이 많이
나오지 않기 때문에 레버리지 효과에 대한 큰 기대를 할 수 없다는

게 단점이다. 그러나 요즘에는 불법적인 '업 계약'을 통해 레버리지를 극대화하여 투자하는 방법도 많이 나오는데 위법인 만큼 추천하지는 않는다.

## 근생 빌라 (SPECIAL)

2015-34170 인천 부평구, 근생 빌라(서류상 근린생활시설)의 어두운 기억

첫 번째 낙찰로 들떠 있을 때, 무턱대고 두 번째 낙찰을 받아 버린 비운의 물건이다. 유료 경매 사이트에도 이 물건은 '근린생활시설'이라는 문구가 있었음에도 나는 부동산의 공부상 용도가 중요한지 전혀 몰랐다.

그러나 낙찰받은 후 회사 근처에서 보험사 대출 담당자와 자서를 하며 대화를 하다가 근생 빌라라는 이야기를 했는데 갑자기 대출이 어렵다고 했다.

갑자기 대출이 안 나온다는 말에 막막했다. 그러던 중, 첫 낙찰 때 거래했던 대출 중개 실장님을 통해 어떻게 해서든 대출을 받을 수는 있다는 이야기를 들었다. 2곳에서 금액과 금리에 대한 설명을 받고 대출 자서를 했다. 대출 금액은 낙찰가의 57%였다. 레버리지가 형편없었다. 실투자금이 많이 드는 투자였다.

잔금일에는 마이너스 통장의 레버리지를 총동원해서 겨우 잔금

을 치렀다. 실로 엄청난 스트레스였다. 초심자의 행운은 여기까지 인가라는 생각을 했다. 그러나 입지 조건은 나쁘지 않았기에 월세 는 상당했다. 보증금 2천만 원에 월세 50만 원이라는 기존 시세보 다 비싼 금액에 빨리 임대가 됐다. 긍정적으로 생각하기로 했다. 여 기서 조급해하여 바로 매도하려다가는 지금까지 투자해 온 물건에 까지 여파가 끼친다는 생각에 이를 악물고 해당 물건을 좋아하려고 노력했다.

근생 빌라의 특징에 대해서 간단히 설명하자면 주거용으로 쓰이 고 있다고 하더라도 서류상(공부상) 근린생활시설이면 상업 시설로 인정되어 4.6%의 취득세를 납부해야 하며, 공부상과 실제 용도가 상이하기에 대출도 적게 나온다. 또한 상업 시설이므로 재산세도 일반 주택보다 많이 낸다. 아래의 수익률을 보고 여러분들도 '근생 빌라'에 대한 경각심을 갖기를 바란다.

## 부평구 부평동 다세대(쓰리룸)

낙찰가: 110,599,999원
당시시세: 120,000,000원

| 투자내역 | | 초기비용 | | 수익(단순계산) | |
|---|---|---|---|---|---|
| 감 정 가 | 130,000,000 | 세금 및 등기 | 5,500,000 | 현 재 시 세 | 120,000,000 |
| 낙찰가(92%) | 110,599,999 | 명 도 비 용 | 500,000 | 총 취 득 가 | 117,649,999 |
| 대 출<br>(감정가 70%) | 64,000,000 | 기 타<br>( 수 리 비 ,<br>중개수수료) | 1,050,000 | 차 익<br>( 4 ) | 2,350,001 |
| 잔 금 ( 1 ) | 46,599,999 | 합 계 ( 2 ) | 7,050,000 | 월 세 | 500,000 |
| 총 투 자 금<br>( 1 + 2 ) | 53,649,999 | | | 대 출 이 자<br>( 2 . 8 5 % ) | 152,000 |
| 월세보증금<br>( 3 ) | 20,000,000 | | | 월 순 수 익<br>( 5 ) | 348,000 |
| 최종투자금<br>( 1 + 2 - 3 ) | 33,649,999 | | | 수 익 율<br>( 6 ) | 12.4 % |
| 투자 summary | | | | | |
| 물건 특징 | 인근에 나누리병원이 있음, 부평시장이 가까움<br>대로변의 바로 후면에 위치<br>인근에 다수의 초, 중, 고등학교가 소재함 | | | | |
| 리스크 관리 | 근생빌라의 특성상 매도자 찾기가 쉽지 않음<br>기존 시세보다 낮은 가격에 매도하거나 보유 | | | | |
| 교훈 | 건축물의 용도에 대한 확인과 지식없이 투자하면 위험하다. | | | | |

## 경매 팁(명도, 수리, 세팅 등)

### 명도

나는 총 네 건의 경매 빌라 투자만을 하면서 네 건의 명도를 경험했고, 한 장의 내용증명도 없이 모든 물건을 명도했다. 물론 운이 좋았다. 그리고 아직 햇병아리 수준의 투자자지만 이것만은 확실하게 말할 수 있다. 명도라는 것은 사람에 대한 이해와 배려 없이는 어려울 수밖에 없다.

명도 대상인 소유자에게, 임차인에게 향후 절차에 대해 확실하게 인지시켜 주어야 한다. 또한 절차대로 진행되지 않았을 시에 받게 될 불이익에 대해서도 확실히 인지시켜 주어야 한다. 무엇보다 낙찰자는 어떠한 결과로 이어지더라도 만반의 준비가 되어 있어야 하고, 이에 대한 지식을 가지고 있어야 한다. 그래야 상대방도 나의 준비 상태에 맞게 반응한다.

준비가 허술하면 명도 대상자는 그 점을 본능적으로 알고 달려든다. 내가 빈틈이 없으면 상대방도 수긍한다. 명도는 어떠한 답이 정해져 있지 않다. 카멜레온처럼 상대방의 반응에 맞추어 대응하는 것이 전부다. 명도 단계부터 겁먹는 사람이라면 경매 투자는 안 하는 게 좋다고 말하고 싶다.

기본적으로 빌라 수리는 직영 공사를 통해 진행하는 게 좋다고 생각한다. 수리에는 셀프 공사, 직영 공사, 도급 공사가 있는데 가성비가 가장 좋은 방법은 도급 공사를 각개로 진행하는 것이다.

도배와 장판은 A업체, 화장실은 B업체, 싱크대는 C업체 등으로 분류하여 비교 견적을 받고, 일임하는 것이 좋다. 물론 해당 분야만을 해왔던 업체여야 하며, 시공 능력이 어떤지는 자신이 직접 견적을 받고 대화하며 검증해야 한다.

물론 업체 선정에 대한 발품이 들지만 장기적으로 투자를 할 생각이라면 꼭 시공 업체들과의 업무 조율이나 견적 비교 업무에 대한 경험을 해보는 것이 좋다. 무슨 일이든 그렇지만 조급해 하지 말고 천천히 알아보고 비교해 본 후, 협상하는 과정이 꼭 필요하다.

## 1년 간 다섯 건의 투자를 하고 느낀 점

### 투자와 투기

1년 정도의 짧은 부동산 투자 경험을 하면서 짧지만 굵게 여러 가지 경험을 한 듯하다. 부동산 물건에 대한 시세 조사, 빌라의 연식에 대한 특성, 경매의 절차, 명도, 수리, 임대 세팅 등 주거용 부동산, 특히 빌라에 대해서는 질리도록 공부하고, 현장 답사를 했다.

그리고 현재 네 건의 수익형 부동산에서 100만 원 정도의 임대수입을 받을 정도가 됐다. 보도 섀퍼의 〈돈〉이라는 책에는 이런 말이 나온다.

'투자자는 팔면서 돈을 버는 게 아니라 사면서 돈을 번다.'

'투자자는 돈을 번다. 그리고 투기자는 돈을 딸 수 있다. 그러나 투기가 나쁠 이유는 없다. 하지만 당신이 돈을 실제로 어디에 넣어둔 것인지 분명히 알아야 한다.'

내 해석으로 요약하자면 투자는 수익형(임대 수입), 투기는 시세차익형(갭 투자)을 말한다. 보도 섀퍼는 투자와 투기의 옳고 그름을 따지지 않았고, 그저 투자와 투기의 개념을 나누었을 뿐이다. 그리고 그는 다만 둘 다 잘하는 것이 최상이라고 말한다.

## 부동산 투자의 본질

결국 부동산 투자의 본질은 무엇일까? 내 생각에는 투자 수익(임대 수입)과 투기 수익(시세차익) 둘 다 가져가는 것이라고 생각한다. 그 밖의 경매절차, 대출, 명도, 수리 등은 모두 다 곁가지 지식이고 '당연히' 알아야 할 지식이다. 본질은 투자대상을 싸게 사서 임대 수입을 충분히 내고, 차익을 남기고 되파는 것이다.

본질일수록 단순하게 귀결된다. 그러나 대부분의 투자자들이 비본질적인 지식 습득 단계에서 지쳐 떨어져 나가고, 질려한다. 솔직히 말해 투자자의 자격이 없는 사람들이다. 대부분 이런 사람들의 경우, 고수들이 물건만 찍어 주길 바라며 자신은 돈만 투자하려 한다. 찍어 주는 사람이 없어질 경우에는 어떻게 될까? 그때가 그 투자자의 생명이 다 할 때다.

### 빌라 투자에서 입지 조건?

빌라 투자에서 입지 조건이 필요할까? 물론 필요하다. 역세권, 쇼핑 인프라, 환경, 분위기, 학군 등 너무 많다. 그러나 더 중요한 것은 뭘까? 시세보다 싸게 투자하는 것이다. 입지 조건은 기본 이상이기만 하면 된다.

입지 조건이 좋은 곳의 1억 원짜리 빌라를 9천만 원에 사는 것보다 입지 조건이 보통인 곳의 1억 원짜리 빌라를 8천만 원에 사면 더 이득이다. 단순한 원리다. 그리고 부동산이라는 것은 개별성이 매우 강하기에 이미 가격에 입지 조건이 반영되어 있다. 이 점을 참고하면 좋을 듯하다.

### 마지막으로

2015년 첫 투자 시기와 현재까지 내가 느끼기에 경매 투자는 대한민국 사회에서 더욱 대중화된 듯하다. 낙찰가가 높다고 한다. 대출 규제가 심해지고 있다. 투기 수익(시세차익)이 점점 없어진다. 부동산 투자 시장도 자금력의 규모 싸움으로 간다. 돈이 많아야 돈을 벌 수 있다.

이처럼 투자 시장은 금융 정책이나 세계 경제의 영향을 받는다. 그리고 항상 변화한다. 따라서 투자 대상에 따른 투자 방법도 변하리라 본다. 앞으로의 투자 시장은 또 어떻게 변해갈까? 어떤 투자가 수익률이 높을까? 어떤 투기가 많은 돈을 따게 해줄까?

아무도 모르지만, 내가 확실히 말할 수 있는 것은 끊임없이 공부하는 자가 승리할 것이라는 점이다. 이제 막 투자를 시작하려는 여러분의 건투를 빈다.

# 청울 실전 사례

## 저자(청목)와 청울의 만남

청목 님의 책에 나의 짧은 투자 사례를 담게 될 줄은 꿈에도 몰랐다. 나의 투자 사례를 본 책에 기술하게 된 것은 청목 님과의 우연한 만남과 인연으로부터 시작된 것 같다. 나는 청목 님을 한 인터넷 카페에서 주관하는 투자 관련 강의에서 알게 되었다. 그때 청목 님은 강사로서 500만 원으로 서울 노원구 공릉동의 대장 아파트를 매매하고 임대차 계약을 하게 된 사례를 발표하였고, 난 그런 청목 님의 스마트한 분석력과 끈기 그리고 특유의 온화한 카리스마에 큰 감탄을 하였다. 참으로 배울 점이 많은 분이라는 생각을 하였다.

어쨌든 청목 님을 처음 만난 그날은 그냥 그렇게 헤어졌다. 그러다 어쩌다 청목 님을 우연히 모임 뒷풀이 자리에서 다시 만나게 되었다. 그때까지만 해도 약간은 형식적인 대화를 하고 헤어졌고, 다음 모임에서 정말 우연히 같은 자리에 합석해서 맥주 한잔을 기울이며 지난 번보다 심도 있는 여러 가지 얘기를 서로 주고받았고, 연락처를 교환함과 동시에 서로 알고 지내는 사이가 되었다.

사람 인연이란 참으로 알 수 없지만, 사람끼리의 만남에서 약간의 직감은 존재한다고 본다. 나랑 성격이 맞고 안 맞고 등을 떠나, 같이 오래 갈 수 있는 사람인지, 그렇지 못한 사람인지를 아는 것은 참으로 짧은 시간에 이루어지는 것 같다. 아마 청목님과 나 둘 다 그런 느낌을 받지 않았을까 짐작해 본다.

## 청울의 투자 동기

나는 누구나 그렇듯이, 그냥 잘 살고 싶은 보통 사람이다. 다만 잘 살아 보겠다는 욕구가 과거를 돌이켜보면 다른 사람보다 조금 강한 것 같다. 대학을 졸업할 시점에 취업이 어느 정도 확정되었음에도 불구하고 다른 사람과 다름을 추구하기 위해 직장을 바로 출근하지 않고 공부를 더 했다(당시 부모님의 반대가 매우 심했던 것으로 기억한다). 그리고 원하는 만큼 공부를 한 후 취업을 해 본 결과, 공부로써 다른 사람과 다름을 가지기가 참 힘들다는 것을 경험으로 배웠다(물론 공부에 대한 나의 능력이 부족해서 발생한 결과일 수도 있을 것이다).

특히, 첫 직장에서 직장에 대한 본질을 잘 몰랐기에 여러 가지 어려움이 많았다. 그 어려움은 혹자는 당연하지 않겠냐고 얘기하겠지만 직장에서 내가 어떠한 부품으로서 돌아가는 것, 내가 능동적으로 결정하고 판단할 수 있는 것이 거의 없다는 것, 내가 하는 일이 결국 답은 정해져 있으며 나는 이 답을 위한 논리나 자료를 정리하면서 일을 해야 한다는 것 등이 당시 만 28세인 나에게는 받아들이기가 너무 힘들었다.

그래서 내린 첫 번째 결론은 '직장을 옮겨보자'였다. 이 글을 읽는 독자들이 더 잘 알겠지만 요즘 취업이나 재취업을 하기는 정말 쉽지 않을 것이다. 그 당시 나는 재취업하기 위해 퇴근하고 매일 하루에 1개 정도의 이력서를 넣었고, 주말이면 토익 공부에 집중하며 흔히들 얘기하는 'spec'에 몰두하는 직장인 취업 준비생으로 꽤 오랜 기간을 보낸 것 같다.

그렇게 많은 노력과 기대를 하고 직장을 옮겼고 나의 삶은 달라질 것이란 약간의 기대를 해보았다. 물론 약간의 급여나 복지의 차이는 있을 수 있겠지만 나의 '직장인의 삶'이라는 큰 틀은 바뀌지 않았다. 끊임없이 노력해야 급여가 나오고, 그 급여로 삶을 지탱하는 봉급쟁이 시스템 말이다. 물론 직장이 주는 가치를 낮게 평가하는 것은 아니다. 직장이 주는 혜택과 사회적 가치는 경제 논리로 설명할 수 없을 것이다.

그러나, 그런 생각이 지배적일 즈음에 나에게 충격적인 일이 발생했다. 그 사건의 계기는 직장을 다니지 않고 전업 공인중개사로 사업을 하는 친한 친구와의 만남으로 비롯되었다. 당시 친구가 활동했던 지역이 이례적인 부동산 활황을 겪었던 지역이라, 그 친구는 어느 정도 본인 일의 시스템이 잡혀가고 있으면서 본인의 시간을 본인 마음대로 결정하고 쓰는 것이 인상 깊었다. 즉, 경제적 자유와 시간적 자유 모두를 누리는 것처럼 보였다. 물론 모든 공인중개사가 잘 된다고 할 수는 없지만 그 친구를 보면서 '꼭 공부를 하면서 좋은 직장에서 몸값을 높이는 것만이 삶에 대한 방법은 아니구나.'라는 생각을 하는 첫 계기가 되었기에 내게 매우 중요한 시점으로 작용하였다.

그러다가 그 친구가 어느 겨울 일요일 밤 9시 40분경에 갑자기 연락이 와서 "너 다가구(원룸)하나 동으로 구입하지 않을래?"라고 얘기한 적이 있었다. 당시 원룸의 매매가는 5억 3천만 원, 대출금과 보증금을 제외하면 실투자금 1억에 수익률이 약 13%가 나온다고 했다. 그러나 5억 8천만 원 중 4억 8천만 원을 내 돈이 아닌 은행이나 남의 돈(보증금)으로 건물을 사야 한다는 것에 조금의 망설임이 있었다.

당시 친구가 그 원룸을 추천한 이유가 내가 1억 원으로 절대 그 원룸을 짓지 못하기 때문이라고 얘기했으며 그 다가구 건물이 가진 토지 지분이 약 48평이기에 충분히 좋은 투자라고 내게 설명해 줬다. 그러나 결과적으로 나는 그 다가구를 매매하지 못 하였다. 그 다가구는 다음날 다른 사람이 바로 매매를 했으며, 13%대의 월세 수익을 거둔 후 약 3천만 원의 차익을 보인 후 되팔린 것으로 알고 있다. 또한, 북도로를 활용해서 주차장 8개 면적이 나오기에, 베란다를 제외한 전용 30㎡ 이하로 세대를 빼면 16세대 다세대로 탈바꿈할 수 있는 참 좋은 땅이었단 걸 지금은 알고 있어 더욱 아쉬움이 있다.

물론 해당 사건을 계약서까지 옆에서 꼼꼼히 지켜보지는 못하였기에 앞서 언급한 금액과 매수기간에서 약간 수치상의 차이는 있을 수 있겠지만, 전체적인 그림에서 본 사건은 나에게 제법 큰 의미로 다가왔다. 당시 어떤 방식으로든 내가 과감히 투자를 했으면 나는 그 원룸에 투자할 수 있었을 것이고, 한 달에 월세 100만 원 이상을 받으면서 결국 양도차익까지 얻을 수 있을 물건이자 기회였다고 지금은 판단한다. 그리고 이 시세 차익은 내가 월급을 받고 절약을 통해서 모으기에는 상당히 어려운 규모라고 생각한다.

따라서, 본 사례는 나로 하여금 직장을 다닐 동안 안정적이고 영리한 투자를 반드시 병행해야 된다는 것을 일깨워 준 분명하고 중요한 계기였다. 그리고 이러한 계기는 나를 행동하게 만든 중요한 동기 부여가 되었던 것 같다.

## 강제집행 사례 및 노하우

현재 나는 월세가 꾸준히 나올 수 있는 지역의 수도권 빌라 다수 채 및 아파트 다수 채를 보유하고 있고, 이를 통하여 급여 외의 새로운 방법으로 현금을 매월 창출하고 있다. 또한, 이 월세라는 새로운 현금 창출 시스템은 월세 창출 분 이외에 해마다 부동산 물가 상승과 주변 호재 반영을 통하여 가치를 매년 스스로 계속 올리고 있어 1개의 월세용 부동산 매도 시 직장인 몇 개월분의 급여에 해당하는 양도차익 또한 발생시키고 있다.

그러나 월세 시스템만으로는 수익 창출이 다소 더딜 수 있기에 나는 이와 동시에 시세차익이 날 입지가 좋은 아파트에 월세 부동산 외에 전세 기반으로 다수 채를 구입하여 시세차익 및 전세 만기 도래 시 전세 보증금 상승을 통한 현금 흐름 시스템도 상당 부분 만들어 놓았다.

부동산을 처음 시작하시는 분께서 처음부터 이런 시스템을 만들기는 한계가 있을 것 같다는 생각에 이러한 시스템을 만들고 싶은 분들에게 도움이 되고자 내가 만든 시스템 중 일부 사례를 공개하고자 한다.

아래 소개하는 시스템은 시세보다 싸게 부동산을 취득 후 임차인 세팅을 통하여 투자금을 모두 회수하고도 남거나 500만 원 미만으로 임차인 세팅 후 꾸준히 월세를 받아 약 40%의 수익률을 내는, 과정은 다소 힘들지만 수익률이 높고 공부가 많이 될 수 있었던 사례를 선별하여 공개하고자 한다.

현재는 나는 소개하는 방법대로 투자하지는 않지만 해당 과정을 통해 부동산 투자의 기본기를 잘 다진 것 같아 독자에게 도움이 되고자 아래 두 사례를 선정하였으니 많은 도움이 되었으면 한다.

부동산에 투자하기 위해서는 부동산을 취득하는 행위가 필요하다. 이러한 부동산 취득 방법은 상속, 증여, 매매, 경매 등으로 다양하다. 나는 이번 장에서 장점을 잘 살리면 이점이 많은 경매라는 행위로 부동산을 취득하고 이후 취득한 부동산에 대한 재산권 행사가 가능하게 하는 강제집행(명도) 절차에 대해서 사례를 통하여 살펴보고자 한다.

본 절차를 기술하는 이유는 경매 진행시 점유자 명도에 대한 막연한 두려움을 없애고, 해당 절차를 명확히 이해하여 보다 많은 사

람들이 경매 투자에 대한 부담을 덜고 경매라는 제도를 활용할 수
있도록 돕기 위함이다.

## 해당 사례 소개

물건지 : 경기도 부천시 오정구 원종동

| 201 | | 경기도 부천시 오정구 원종동 | | | 오늘조회: 0 2주누적: 31 2주평균: 2 | | |
|---|---|---|---|---|---|---|---|
| 물건종별 | 다세대(빌라) | 감 정 가 | 72,000,000원 | 구분 | 입찰기일 | 최저매각가격 | 결과 |
| 대 지 권 | 25.93㎡(7.844평) | 최 저 가 | (70%) 50,400,000원 | | | 72,000,000원 | 유찰 |
| 건물면적 | 28.2㎡(8.531평) | 보 증 금 | (10%) 5,040,000원 | | | 50,400,000원 | |
| 매각물건 | 토지·건물 일괄매각 | 소 유 자 | | 낙찰 : 58,250,001원 (80.9%) | | | |
| 개시결정 | | 채 무 자 | | 매각결 | | | |
| 사 건 명 | 임의경매 | 채 권 자 | | 대금납 | | | |

경매를 시작하려 하는가? 경매를 시작하고자 할 때 경매가 처음
이거나 익숙하지 않다면 '명도'에 대한 두려움이 크기에 경매 투자
에 대한 막연한 두려움으로 경매 투자를 망설일 수 있다. 따라서 이
번 장에서는 명도의 마지막 단계인 강제집행 실제 사례를 공개하고
이를 통해 경매와 명도에 대한 이해를 돕도록 하겠다.

사례를 기술하기 전 누군가 혹시 '최고의 명도가 무엇이냐?' 묻거
든 주저하지 않고 '최고의 명도는 당사자 간의 감정 소비 없는 합의
이다.'라고 얘기할 것이다. 따라서 최우선은 당사자 간의 감정 소비
없는 합의를 진행하도록 노력하는 것이 필요하겠다.

그러나 명도 시 낙찰자와 점유인의 입장 차이는 서로 대립되기에 원활한 대화가 잘 되지 않을 확률이 매우 높다. 따라서 만약에 낙찰자와 명도 대상자가 대화가 안 되거나 심지어 점유자와 연락조차 닿지 않는다면 낙찰자는 어쩔 수 없이 '강제집행'이라는 카드를 꺼내 쓸 수밖에 없다. 자, 그럼 강제집행 사례를 통해 강제집행과 그 절차에 대해 살펴보겠다.

### 청울의 강제집행 사례소개

해당 물건의 낙찰 순간을 지금 다시 떠오르면 어안이 벙벙하면서도 낙찰 순간 막연한 두려움이 스물스물 밀려왔던 것 같다. 그리고 그러한 기분 때문에 당장 낙찰 이후에 무엇을 해야 할지 몰라 당황했던 기억이 있다.

그래서 여러분들에게 도움을 주기 위해 잠시 낙찰 이후 해야 할 일을 정리해 보았다. 낙찰 이후에는 다음 그림과 같이 우선적으로 점유자의 연락처를 파악 후(낙찰 이후 법원 담당 경매계 방문 후 서류 열람) 점유자와 대면 혹은 유선으로 낙찰 사실을 알리는 것이 잔금 납부 후 점유자를 대면하는 것보다 이점이 많을 수 있다.(물론 혹자는 잔금 납부 후 점유자를 만나는 것이 신속하게 명도할 수 있어 이점이 많다고 한다. 그러나 이것은 상황에 따라 달라지기에 차후 논의하도록 하자.)

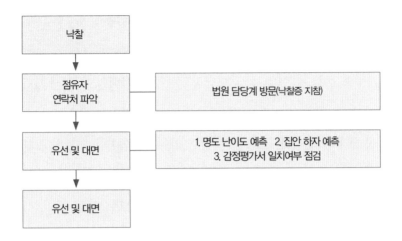

점유자의 연락처가 파악이 되면 반드시 사전에 나눌 얘기를 글로 적어서 연락을 취하는 것이 좋다. 최초 전화 통화가 매우 중요하고 최초 통화 이후로는 연락이 전혀 안 될 가능성도 있기에 상대방의 입장에서 상대방의 상황을 파악하여 명도의 대략적 난이도를 예측을 해야 한다.

더불어 통화를 통하여 반드시 집안 하자 정도 예측과 부동산 실제 현황이 경매 당시 작성된 감정평가서대로인지 점유자를 통하여 확인하는 것이 매우 중요하다. 또한, 점유자와 연락이 닿은 시점이 잔금 납부 전이라면 점유자와의 접촉은 다시 성립되기 어려울 수 있기에 최초의 만남이나 통화로 이 모든 것을 파악하는 것이 매우 중요한 것 같다. 이때 필요하다면 통화 내용을 녹음해 두는 것도 좋은 방법이라 생각한다.

자, 점유자와 연락이 닿았는가?(점유자도 경매 일정을 미리 통보받기에 그리고 결과가 궁금하기에 아마 최초 한 번은 연락이 쉽게 될 가능성이 높다.) 점유자와의 통화를 통해 낙찰 물건이 예상했던 그 상태 그대로인가? 잔금을 진행해도 되겠는가? 명도 난이도를 어떨까? 등을 예상해야 한다. 예상을 하였는가? 그럼, 잔금 납부를 진행하고 명도를 시행하자. 단, 잔금 납부 때 반드시 법무사 무료 서비스로 인도명령신청을 같이 신청하도록 하자. 잔금을 납부하였는데도 점유자가 약속을 지키지 않거나 연락이 되지 않는다면 마지막 수단으로 아래의 방법으로 강제집행을 통한 명도를 진행하자. 강제집행의 큰 흐름은 아래 그림과 같다.

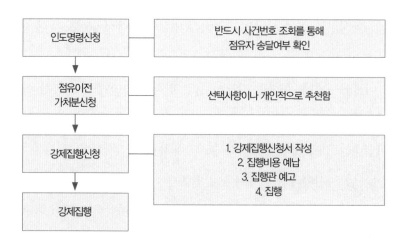

우선, 인도명령신청 당시 발생되는 사건 번호를 기록 후 나의 사건검색 페이지(http://www.scourt.go.kr/portal/information/events/search/search.jsp)에서 인도명령 결정이 나서 결정본이 점유자에게 송달되었는지 반드시 확인해야 한다. 이것이 중요한 이유는 인도명령결정본이 대상자에게 송달된 이후 절차상 강제집행이 가능해지기 때문이다. 만약 점유자가 송달을 받지 않았거나 일부러 송달을 받지 않으면 재송달 처리를 하여 송달간주(송달된 것으로 간주함)하거나 이러한 절차로 송달간주처리가 되지 않을 경우 재송달 처리 이후 담당 경매계에 부탁하여 '공시송달' 처리하여 송달간주처리를 할 수 있다. 이 송달간주처리가 되어야 강제집행을 할 수 있기에 반드시 인도명령결정문에 대한 점유자 송달간주처리를 진행하여야 한다.

공시송달은 점유자가 현재 해당 집에 살고 있지 않거나 소재를 파악할 수 없는 경우 법원이 2주간 내용을 공시하고 이후 송달된 것으로 간주하는 제도를 의미한다.

송달간주처리가 되면 내 경우에는 강제집행 이전에 부동산점유이전금지가처분 신청하라고 권유한다(반드시 필요한 절차는 아니다). 그 이유는 1. 강제집행까지의 절차가 복잡한데 만약에 강제집행 중에 점유자가 바뀌면 이 과정을 여러 번 거칠 수 있으며, 2. 부동산

점유이전금지가처분 절차만으로 점유자에게 강제집행을 간접적으로 경험하게 할 수 있어 압박 수단으로 충분히 효력이 있을 수 있기 때문이다.

자, 우선 부동산점유이전금지가처분 신청에 대해서 단계별로 알아보겠다.

### 1단계 : 부동산점유이전금지가처분 신청서 작성

해당 서류는 미리 서류를 법원에 방문하기 전에 초안을 만들어 가는 것이 편하다. 실제로 내가 작성해서 제출한 서류는 아래와 같다.

---

#### 부동산점유이전금지가처분신청

신청인 ㅇㅇㅇ

　　주소기입


피신청인 ㅇㅇㅇ

　　주소기입

---

**목적물의 표시** : 별지목록 지재와 같습니다.

**목적물가액의 표시** : 금 ○원

## 신 청 취 지

1. 채무자는 별지목록 기재 부동산에 대한 점유를 풀고 채권자가 위임하는 집행관에게 인도하여야 한다.

2. 위 집행관은 현상을 변경하지 아니하는 것을 조건으로 하여 채무자에게 이를 사용하게 하여야 한다.

3. 채무자는 그 점유를 타인에게 이전하거나 또는 점유명의를 변경하여서는 아니된다.

4. 집행관은 위 명령의 취지를 적당한 방법으로 공시하여야 한다. 라는 재판을 구합니다.

## 청 구 원 인

1. 신청인은 별지기재 부동산을 인천지방법원 부천지원 20○○타경○○○ 부농산 임의경매 사선에 매수 신정하여 금 ○원에 매수한 뒤, 2010.○.○. 낙찰허가결정을 얻어 2010.○.○. 매수대금 전부를 완납함으로써 별지목록 기재 부동산 및 그 대지의 소유권을 취득하였습니다.

2. 피신청인은 위 별지기재 부동산에 대하여 아무런 권리나 권한 없이 전부를 점유하고 있는 점유자입니다.

3. 따라서 신청인은 위 부동산의 소유자(낙찰인)로서 피신청인에게 건물의 명도를 요구하였으나 모두 이에 불응하고 있습니다.

4. 신청인은 피신청인을 상대로 건물명도의 소를 제기하려고 준비 중에 있으나 이 판결 이전에 피신청인이 점유명의를 변경한다면, 신청인이 비록 승소판결을 얻는다고 해도 집행 불능에 이를 우려가 있으므로 본 신청에 이른 것입니다.

5. 본 신청에 대한 담보제공을 보증보험회사와 위탁계약을 체결한 문서로 제공할 것을 신청하오니 허가하여 주시기 바랍니다.

## 소 명 방 법

1. 소갑 제1호증        부동산등기부등본

1. 소갑 제2호증        매각허가결정문

1. 소갑 제3호증        전입세대 열람내역

2단계 : 송달예납금 납부 및 보증보험 보증서 발급

  법원에서 판결이나 법원 행정 절차를 진행하는 과정에서 문서 발송이 필요하기에 법원 행정 일을 처리하기 전에는 송달예납을 해야 한다. 이를 위해서는 해당 법원 은행을 방문해서 송달예납을 하는 방법이 있고, 신한은행 인터넷뱅킹 계좌를 가지고 있다면 인터넷뱅킹을 활용해서 송달료를 선납부 후 남은 금액을 환급하는 방법이 있다(개인적으로 이 방법을 추천한다).

  송달예납금까지 납부가 되었는가? 그럼 보증보험 보증서를 발행해야 하는데 보증보험 보증서는 혹시 모를 일에 대비하여 점유자의 재산을 보호하는 기능을 한다. 그러나 이로 인해 오히려 낙찰자는 마음 편하게 법적 절차를 진행할 수 있는 것이니 기쁜 마음으로 보험료를 납입하는 것이 좋을 것 같다.

보증보험 보증서 발행은 부동산점유이전금지가처분 신청 이후 법원에서 발급되는 담보제공명령원이라는 우편을 수신한 이후에 해당 명령원을 근거로 보증보험 회사에서 발급한다. 발급 방법은 해당 법원 근처의 보증보험 회사에 전화하여 해당 내용을 신청하고 인터넷 동의 후, 담보제공명령원상의 가액 1%를 보험료로 납부하면 된다.

나의 사례에서는 법원의 판단으로 300만 원이 책정되어 이에 대한 약 1% 금액을 납부하였다. 납부 방법은 해당 법원 근처 보증보험사(서울보증보험)와 전화 통화를 통하여 인터넷 상 동의 절차 후 인터넷 뱅킹으로 보험료를 납부하였다. 보증보험사에서는 보험료 납부가 확인되면 즉시 보증서를 법원에 전산으로 제출하여 준다.

### 3단계 : 부동산점유이전금지가처분 결정문

위 단계를 모두 마치면 법원에서는 부동산점유이전금지 가처분 결정문을 송달한다. 단, 송달이 너무 늦거나 일처리가 지연되면 반드시 담당 경매계에 전화해서 일정을 재촉해야 한다. 법원 행정을 경험해 본 분들은 알겠지만 법원마다 실무가 다르고, 담당 공무원의 태도에 따라 일처리 속도가 다를 수 있다. 특히, 휴가철이나 명절 등 공휴일이 많이 있는 달은 이러한 일정이 더디게 진행될 수도 있으니 참조 바란다. 결정문이 송달되면 부동산점유이전금지가처분 신청이 끝났고 이는 도중에 점유자가 바뀌거나 이사를 가도 강제집행을 통하여 명도를 할 수 있는 모든 준비를 마쳤다는 것을 의미한다.

### 4단계 : 최후의 칼자루, 강제집행 실행하기

부동산 명도 강제집행을 진행하기 위해선 부동산점유이전금지가처분 신청이 반드시 필요하지는 않지만, 대신에 부동산인도명령결정문 송달은 반드시 필요하다. 따라서 본인의 인도명령신청 사건번호를 대법원에서 확인하여 결정문이 송달(송달간주)됨을 사전에 확인하여야 한다.

인도명령결정문이 송달완료되었으면 송달증명원을 발급받아야 한다. 이때 직접 법원을 방문하는 것이 어려울 경우 우편으로 이를 신청하고 인지세 등 각종 비용은 신한은행 인터넷뱅킹을 통하여 납부 후 출력하여 첨부하면 간편하다(법원마다 실무는 다를 수 있기에 해당 경매계 전화 확인 필요).

자, 그럼 강제집행을 신청할 때 필요한 서류를 살펴보겠다. 인도명령결정문 정본 1통, 송달증명원 1통, 송달료납부서 1통(인터넷 납부 가능)이 준비물이며 해당 서류를 가지고 집행관실을 방문 후 그 자리에서 신청서를 작성한 다음 사무원에게 제출하면 된다.

신청서를 내면 집행비용 예납안내 접수증을 발급받을 수 있다. 예납금액 산정방식은 법원마다 다른데 나의 경우는 81만 원을 법원 소재 은행에 납부하였다(평당 약 10만 원이 넘는 금액이다). 법원에서는 집행비용 예납이 끝나야 집행날짜를 선정하기에 이 금액이 타당한지 여부에 대한 검토보다는 그냥 빨리 납부하기 바빴던 것 같다. 예납이 끝나면 집행관실에 전화를 걸어 최종적으로 강제집행 날짜를 조율하면 이로써 강제집행신청에 대한 모든 절차는 끝났다(결론적으로 강제집행까지 들어가는 실비용만 약 전용 기준 8평 빌라에 약 100만 원 돈이 들었다. 그러나 이게 모든 비용의 끝이 아니었다).

강제집행 신청의 모든 절차가 완료되면 일주일 이내에 계고를 하게 된다. 계고의 의미는 법원에서 곧 강제집행을 진행할 예정이라는 마지막 경고이며, 집행관 동의하에 문을 따고 계고장을 붙이고 나오는 행위를 의미한다. 계고를 진행할 때는 낙찰자(혹은 대리인) 포함 증인 2명과 열쇠공이 집행관과 동행하여 문을 강제로 개방한다. 이때 비로소 낙찰자는 낙찰 물건의 내부를 볼 수 있고, 이 작업은 가급적이면 점유자가 거주중일 때 진행되는 것이 좋은 것 같다. 법원 집행관까지 대동한 낙찰자를 보고 협상을 안 해 줄 점유자는 매우 드물지 않을까라는 생각 때문이다. 그래서 나 또한 이 과정에서 점유자를 만나기를 간절히 희망했지만, 점유자는 현장에 없었다. 때문에 어쩔 수 없이 벽 잘 보이는 곳에 계고장과 더불어 그간

남긴 내용 증명을 모두 붙이고 나왔다.

그로부터 일주일간 점유자로부터 아무런 연락이 없었고, 어쩔 수 없이 집행관실에 연락을 하여 본 강제집행을 위한 날짜와 시간을 조율하였다.

본 집행 당일 집행관, 열쇠공, 인부 8명이 사다리차와 함께 동원되었고 곧 집행이 시작되었다. 문을 개방하는 데 30분, 짐을 나르는 데 1시간이 채 걸리지 않은 것으로 기억한다. 그리고 집행 이후 청울은 혹시나 하는 마음에 기존의 문손잡이와 도어락을 새것으로 교체하였다. 이유는 이렇게 힘든 과정을 거쳐 명도했으나 점유자가 다시 열쇠를 가지고 문을 개방하여 다시 점유한다면 이 과정을 똑같이 다시 거쳐야 할 수도 있기 때문이었다. 그러나 문고리와 자동 도어락을 새것으로 바꾸면 적어도 이러한 일은 없을 거라는 생각에 도어락을 미리 구입 후 열쇠공에게 원래 비용에 5만 원을 더 드리면서 해당 작업까지 부탁하였다(도합 15만 원 지불).

이로써 명도는 끝났지만 예기치 않은 보관료 문제가 발생하였다. 당시 나도 강제집행이 처음이고 내가 경매를 배운 강사 분들도 직접 강제집행까지는 실제로 집행한 경험이 없었다(강제집행 경험도 없이 경매 강의를 하다니…). 강의 때 들은 내용으로는 보통 강제집행 시 비용을 대강 평당 5~10만 원 정도라고 들었던 것 같다. 어쨌든 나도 그 당시는 강제집행 비용이 그리 크지는 않을 것이라 생각했다. 본 사례도 평당 12만 원 정도로 기존의 가격보다는 다소 비싸지만 그래도 배운 대로의 예산 범위라고 생각했기에 어느 정도 예상된 지출이라 생각했다. 그러나 실제로 강제집행을 진행해 보니 보관비라는 복병이 있었다. 강제집행 이후 집행된 짐들은 보관 업체에 보관된다. 문제는 이 보관 업체를 낙찰자가 정하는 것이 아니라, 선택의 여지없이 집행하는 업체들끼리 아는 업체로 보관되며, 심지어 짐을 옮기기 전에 보관료를 선지급하기에 집행 당시 이 부분에 대한 마찰이 있었다(법원마다 실무는 다를 수 있다).

마찰이 생기자 집행관은 자꾸 마찰이 생기면 본 집행 자체를 취소하겠다고 얘기하였다. 사실 엄밀히 얘기하면 보관업체 선택의 자유를 박탈당한 채 집행관이 지정한 업체와 일방적으로 계약해야 하는 불합리한 상황이지만, 이 상황에서 다급한 것은 나였기에 어쩔 수 없이 추천된 업체에 짐을 보관할 수밖에 없었다. 그 결과 나의 경우는 강제집행을 위해 앞서 얘기한 비용을 제외하고 보관료로만 약 100만 원을 추가로 지불해야만 했다. 그것도 점유자가 짐을 2개월 동안 찾아가지 않을시 추가로 비용을 지급해야 하는 조건이었다. 다행히 본 건은 점유자가 강제집행 일주일 이내에 모든 짐을 찾아가 상황은 종료되었다. 점유자가 짐을 빠르게 찾아간 것은 보관된 짐 중 일부에 중요한 물건이 있었기 때문이었다. 만약 그렇지 않고 짐을 찾아가지 않았다면 이것을 해결하는 절차가 또 있지만 비용이 계속 발생했을 것이다.

집행된 짐 중에 중요한 짐이 있자, 점유자가 이제야 연락이 돼서 짐이 어디에 있냐고 되물었다. 나는 너무 안타까웠다. 연락만 되었어도 서로가 이렇게 힘든 과정을 거치지 않았을 텐데… 어쨌든 강제집행 과정에서 너무 고생을 해서 점유자와 만나 짐을 찾아가기 전에 점유자가 모든 짐을 동시에 찾아 가겠다는 확인서와 만약 남은 짐이 있다면 매각에 동의하겠다는 각서를 쓰고 강제집행 3일 이내에 보관된 짐을 찾아가서 모든 상황이 종료되었다. 만약 점유자가 짐을 찾아가지 않아 '유체동산매각' 신청까지 진행되어 추가로 보관료가 더 발생했다면 나는 정신적으로나 금전적으로나 꽤나 힘든 상황이 되었을 것 같다.

그러나 낙찰 당시 시세 대비 저렴하게 잘 받은 탓에 해당 건은 명도 후 전세로 임대차하여 투자금을 모두 회수하고도 남았고, 좋은 가격에 매도할 예정이다. 고생을 많이 했지만 그만큼 수익을 남겨준 사례이기에 감사하지만 본 경험으로 집주인 점유자는 조심하여 접근하게 되었다.

해당 물건의 현재 시세는 8천만 원 정도이다. 또한 향후 교통망 호재 등이 예상되며 물건지의 대지 지분이 꽤 높은 비율이기에, 본 물건을 통해 그동안의 고생에 대한 충분한 보상을 기대할 수 있을 것이라 생각한다.

## 부천시 원종동 다세대(투룸)

낙찰가: 58,250,000원
당시시세: 75,000,000원
명도 후 수리 후 전세

| 투자내역 | | 초기비용 | | 수익(단순계산) | |
|---|---|---|---|---|---|
| 감 정 가 | 72,000,000 | 세금 및 등기 | 839,000 | 현 재 시 세 | 80,000,000 |
| 낙찰가(80%) | 58,250,000 | 명 도 비 용 | 2,500,000 | 총 취 득 가 | 63,389,000 |
| 대 출<br>(감정가 70%) | 50,000,000 | 기 타<br>(미납관리비,<br>중개수수료) | 300,000 | 차 익<br>( 4 ) | 16,611,000 |
| 잔 금<br>( 1 ) | 8,250,000 | 수 리 비 | 1,500,000 | 월 세 | – |
| 총 투 자 금<br>( 1 + 2 ) | 9,750,000 | 합 계 ( 2 ) | 5,139,000 | 대 출 이 자 | – |
| 전 세 보 증 금<br>( 3 ) | 65,000,000 | | | 월 순 수 익<br>( 5 ) | – |
| 최 종 투 자 금<br>( 1 + 2 - 3 ) | + 1,611,000 | | | 수 익 율<br>( 6 ) | |

| 투자 summary | |
|---|---|
| 물건 특징 | 낙찰을 받은 뒤 플러스피로 전세 셋팅한 물건<br>인근 원종역 역세권으로 시세 상승을 예상한 물건(현재 시세 8천만 원 정도임) |
| 리스크 관리 | 언덕에 위치한 것이 흠. 호재는 있으나 매매가 어려울 수 있음. 그러나 대지 지분이 7평인 관계로 건물 평수 대비 대지 지분 조건이 좋고 신축 가능한 땅 모양.<br>아직 원종역 신설 전이라 서울과의 접근성이 어려움. |
| 교훈 | 집주인 명도는 매우 힘들다.<br>그리고 명도하고 나니 11월이라 겨울이 오기전에 월세보다 급하게 전세를 뺄 수 밖에 없었음. 다음에는 명도 후 수리 후에 겨울이 오는 타이밍을 계산하자. |

## 인테리어를 통한 수익률 극대화 사례

물건지 : 인천 남구 주안동 주안역 인근

| 굿옥션 | | 인천지방법원 | | | | | | 2348번길 19) | |
|---|---|---|---|---|---|---|---|---|---|
| 201 | | 인천광역시 남구 주안동 | | | | 오늘조회: 2 2주누계: 191 2주평균: 14 | | | |
| 물건종별 | 다세대(빌라) | 감 정 가 | 72,000,000원 | 구분 | 입찰기일 | | 최저매각가격 | | 결과 |
| 대 지 권 | 20.43㎡(6.18평) | 최 저 가 | (70%) 50,400,000원 | | | | 72,000,000원 | | 유찰 |
| 건물면적 | 39.94㎡(12.082평) | 보 증 금 | (10%) 5,040,000원 | | | | 50,400,000원 | | |
| 매각물건 | 토지·건물 일괄매각 | 소 유 자 | | | | 낙찰 : 64,499,999원 (89.58%) | | | |
| 개시결정 | | 채 무 자 | | | | | | | |
| 사 건 명 | 임의경매 | 채 권 자 | | | | | | | |

　이번 사례는 일반 구식 빌라를 낙찰받아 실투자금 500만 원 이하의 금액으로 월세 수익과 매매시세 차익을 동시에 거둔 사례이기에 본 장에서 소개하기로 한다.

　나의 경우에는 경매 낙찰가를 산정하는 나만의 기준이 있다. 낙찰가 산정 방식은 시장 거래 기반 차액 예상 낙찰가 산정 방식이 있고 수익률 기반 방식이 있는데, 해당 물건은 빌라이고 위치상 월세 수익을 위한 투자에 적합하기에 수익률을 기반하여 낙찰가를 산정하였다(사실 빌라의 경우는 나는 수익률 기반 방식으로 낙찰가를 산정하는 것을 즐겨 사용한다). 그리고 구식 빌라의 경우에는 플러스피나 수리비까지 포함하여 실투자금액이 500만 원을 넘기지 않는 것이 나만의 주요 기준이다. 빌라에 이 이상의 금액을 묶어두는 건 싫기 때문이다.

문제는 해당 물건의 입찰 당일 입찰을 네 군데를 동시에 진행하다 보니 수익률 계산기 사용에 있어 사소한 오류를 범했다. 따라서 낙찰을 받은 다음에 내가 입찰해야 하는 금액보다 약 300만 원 정도 낙찰가를 높게 썼던 것을 알 수 있었다(물론 예상가를 적었으면 2등으로 패찰했을 것이다). 따라서 해당 건은 낙찰을 받은 이후에 마음이 복잡하였다. '내가 과연 낙찰을 잘 받은 것인가? 아니면 실수를 한 것인가?' 스스로에게 여러 번 질문을 해봐도 역시나 답은 내가 내리는 것이 아니라 세입자 혹은 내 물건을 구입해 줄 매수자가 내리는 것이 아닌가라는 생각에 해당 물건의 주인을 찾기 위한 인테리어에 각별히 신경을 썼다.

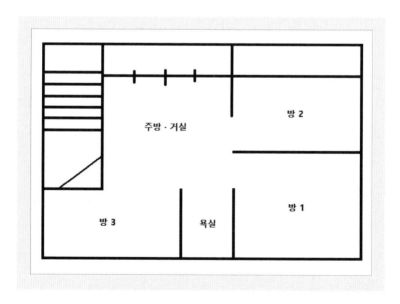

빌라 인테리어를 진행하기 전 가급적이면 빌라에 거주할 세입자가 어떤 사람인지 파악하는 것이 매우 중요한 단계라고 생각한다. 입주할 세입자에 맞게 인테리어를 '커스터마이징(Customizing)'하는 것이 공실률을 낮추는 데 필수 사항이라 생각하기 때문이다. 그리고 내 건물에 입주할 사람이 어떤 사람일지는 건물의 지리적인 위치와 내부 구조가 매우 중요한 영향을 미친다고 생각한다. 먼저 위치에 대한 분석을 진행해 보면 해당 빌라는 주안역 근처의 빌라이다. 주안역은 서울 용산 급행, 지하철 1호선, 인천지하철 2호선이 만나는 인천 내 교통의 요충지라고 볼 수 있다.

빌라의 내부 구조는 어떠한가? 해당 빌라의 구조는 위의 그림과 같이 방 3개, 거실 겸 주방 1개, 화장실 1개로 구성되었고, 나는 개인적으로 이 빌라의 임차인은 서울 구로 라인 근처로 출퇴근하는 인천인 고향인 신혼부부(예비부부)로 상상, 설정하여 낙찰에 임하고 인테리어를 실시하였다.

고객을 설정한 후 고민을 한 것은 '이들이 집을 구할 때 고민이 무엇일까?'였다. 따라서 경쟁 매물이 될 수 있는 주안역 근처의 신축 오피스텔 시세를 살펴보며 수익 전략을 세웠다. 원룸의 경우에는 보증금 500만 원에 월세 35~40만 원, 투룸의 경우는 보증금 1천만 원에서 월세 50~60만 원, 쓰리룸의 경우는 보증금 1천만 원에서 60만 원 이상을 부르는 것 같았다. 물론 부르는 가격기준(호가)이었다. 따라서 나는 이 빌라를 인천에 연고가 있는 신혼부부가 좋아할 만한 콘셉트로 인테리어를 진행하되 임대료 보증금 2천만 원에 월세 35~40만 원으로 임차를 구할 생각으로 인테리어 공사를 시행하였다.

신혼부부용 인테리어 시 포인트를 주어야 시공할 부분은 당연하겠지만 화장실과 싱크대였다. 나는 기존 싱크대는 과감하게 철거하여 하이그로시 마감과 인조대리석 상판을 사용하여 싱크대를 재설치 하였다. 그리고 싱크대 마감 부분에 냉장고 자리를 마련해 주었고, 현관 역시 하이그로시 신발장을 넣어 분위기를 내었다.

아래 사진은 싱크대와 화장실이다. 우선 싱크대를 기준으로 몇 글자 적으면 싱크대의 경우는 UV 펄 하이그로시와 인조상판을 사용하였다. 몇몇의 투자자들은 인테리어 비용을 최소화하여 임대수익률을 극대화해야 한다고 주장하지만, 나의 견해는 싱크대와 화장실에는 아낌없이 투자하여 임차인을 내가 고를 수 있는 상황이 되어야 한다고 생각한다.

그렇다고 싱크대와 화장실을 비싸게 작업하자는 말이 아니다. 싱크대와 화장실을 최대한 고품질 저예산으로 작업을 하자는 것이 청울의 생각이다. 우선 싱크대의 경우는 해당 건은 Turn-key방식(한 인테리어 업자에게 통합으로 위탁하는 방식)으로 진행했지만, 인테리어를 많이 진행하다 보니 공장가 기준으로 약 140~150만 원 정도면

(가격을 일부러 넉넉하게 잡았음) 수거부터 설치까지 가능하다. 물론 싱크대를 나무 재질과 상판을 스테인리스로 싱크대를 제작하면 60만 원 선이며, 싱크대 상판만 갈고 시트지를 붙이면 20만 원 선에서 작업이 되지만 싱크대 교체는 좋은 세입자를 구하고 매매가를 상승시키는 데 중요 요소라 과감하게 비교적 비싼 UV 펄 하이그로시, 인조상판으로 교체 투자하였다(예상대로 세입자가 싱크대가 너무 좋다고 입주 시 고맙다고 하였다).

화장실의 경우 다행히 바닥과 옆면 상태가 좋았다. 그러나 타일 스타일이 오래된 것 같아 세면대와 거울, 수납공간과 화장실 등 거울을 포함한 화장실 5종 세트를 바꾸고 옆면에 포인트 타일을 붙여 적은 비용으로 최대 효과를 내었다. 이 방법은 미장을 전문으로 하는 분께 위탁하여 세면대 설치, 액세서리 설치를 포함하여 60만 원에 작업 완료하였다.

다음은 조명이다. 내 경우는 조명은 직접 고른다. 조명은 인테리어의 마지막 단계이기에 매우 중요한 인테리어 소품이며, 가격대비 가장 큰 효과를 낸다고 말할 수 있다. 조명에 대한 감은 누구나 평소 커피숍에서 많은 영감을 얻을 수 있기에 누구나 노력하면 손쉽게 괜찮은 조명을 관련 인터넷 사이트를 통하여 저렴하게 구매할 수 있다.

다음 쪽에 나오는 전등의 경우는 주방 등 1개, 방 등 3개, 무드 주방 등 1개를 LED로 구입하였고 재료비는 약 30만 원 정도 나왔다. 그럼, 설치는 어떻게 하느냐고 물으면 설치는 간단하다. 대부분 도배를 진행할 때 전구를 떼고 도배 시공을 하기에 도배 작업을 진행할 때 "도배하실 때 전등 떼니, 제가 새 전구를 갖다 놓을 테니 작업 후 다시 달아주시기만 해주세요!"라고 얘기하면 무료로 설치되고 한 공정으로 작업이 되니 많은 비용을 아낄 수 있다.

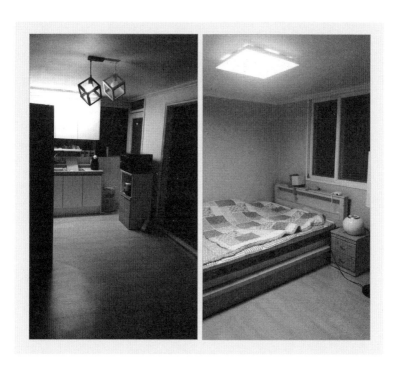

　베란다의 경우는 타일은 덧방 작업이 이미 진행이 되어 있었다. 따라서 추가적으로 타일 덧방을 할 필요는 없어 보였다. 따라서 페인트 작업만 진행하기로 하였고 이때, 창문 샷시, 방문 3개에 대한 페인트 작업을 동시에 진행하였다. 해당 작업은 총 40만 원에 진행되있고 이 비용을 징밀 아끼고 싶다면 페인트공 1명을 직집 불러 재료를 사주면서 작업을 시키면 된다. 이때 문을 칠할 때도 문고리를 해체하기에 미리 문고리나 경첩을 사서 교체해 달라고 하면 비용을 더욱 절약할 수 있다.

　도배와 장판은 도배를 전문으로 하는 분께 맡기는 것이 제일 속
편한 것 같다. 물론 도배지와 장판을 인터넷으로 구매 후 일당 작업
자를 부르면 저렴하게 시공할 수 있지만 도배와 장판은 하자가 계
속 날 수 있기에(장판이 울거나, 도배지가 떨어질 경우) 1~2명 실력 있
는 분과 지속적인 인연을 쌓는 것이 더욱 경제적이고 스트레스를
최소화하는 지름길일 것이다.

　다만, 이들과 일을 하기 전에 작업에 대한 몇 가지 개념을 알아야
한다. 도배의 경우 세입자용이라면 소폭 혹은 광폭 합지를 사용하

는 경우가 많은데 나는 가급적 장판과 함께 진행하는 일이면 광폭 합지를 권유한다. 그 이유는 아무래도 소폭 합지보다는 광폭 합지가 재료비가 약간 더 비싸긴 하나 광폭으로 도배를 진행하면 집안 분위기가 훨씬 고급져지기 때문에 새집처럼 보이는 효과가 있다.

광폭 합지의 경우는 인부가 2명이 필요한데, 장판 시공을 위해 인부가 어차피 2명 와야 하므로, 장판 시공을 진행할 때 광폭 합지 도배를 같이 진행하면 추가 품이 들지 않는다며 논리적으로 가격 협상을 하면 비교적 합리적으로 진행할 수 있다.

장판의 경우는 장판의 두께에 따라 가격이 달라지는데, 장판은 유명 기업 자재를 쓰고 두께를 1.8mm~2.2mm 정도로 세팅해 주면 될 것 같다. 해당 사례의 경우는 광폭 도배, 1.8T 장판 14평 기준으로 도배는 약 55만 원, 장판은 약 45만 원에 시공하였다.


해당 사례 수익률 분석


해당 사례는 인테리어 공사가 한창 진행 중일 때 공사 진행되는 것만 확인하고 순 공사일에 세입자가 임자하셨다고 하였다. 그리고 인테리어 종료일에 맞추어 이사를 하고 싶어 하였다. 부동산 예상 시세는 보증금 2천만 원에 35만 원 정도였으나 세입자와 약간의 가격 조정이 있었고 인테리어 공사가 끝나는 날 기준으로 세입자가 이사

오는 조건으로 보증금 1천5백만 원, 월세 30만 원에 임차 계약을 하였다. 사실 보증금 2천만 원에 월세 35만 원 정도에 계약이 가능할 것 같았으나 우선 공실을 하루도 안 두고 진행하는 것에 대한 의미와, 임차인이 집수리를 스스로 할 정도로 착하고 월세도 꼬박꼬박 잘 내는 등 임차인에 대한 스트레스를 전혀 주지 않았다. 그리고 내 물건과 인테리어에 만족하고 좋아해 주었으며 개인적으로 나 스스로 좋은 집주인이 된 것 같아 본 사례에 대하여 만족감을 느낀다.

## 인천시 주안동 다세대(쓰리룸)

낙찰가: 64,500,000원
당시시세: 75,000,000원
명도 후 수리 후 월세

| 투자내역 | | 초기비용 | | 수익(단순계산) | |
|---|---|---|---|---|---|
| 감 정 가 | 72,000,000 | 세금 및 등기 | 839,000 | 현 재 시 세 | 80,000,000 |
| 낙찰가(89%) | 64,500,000 | 명 도 비 용 | – | 총 취 득 가 | 69,639,000 |
| 대 출<br>(감정가 70%) | 50,000,000 | 기 타<br>(미납관리비,<br>중개수수료) | 300,000 | 차 익<br>( 4 ) | **10,361,000** |
| 잔 금 ( 1 ) | 14,500,000 | 수 리 비 | 4,000,000 | 월 세 | 300,000 |
| 총 투 자 금<br>( 1 + 2 ) | 18,500,000 | 합 계 ( 2 ) | **5,139,000** | 대 출 이 자<br>( 2 . 8 5 % ) | 125,000 |
| 월세보증금<br>( 3 ) | 15,000,000 | | | 월 순 수 익<br>( 5 ) | 175,000 |
| 최종투자금<br>( 1 + 2 - 3 ) | **4,639,000** | | | 수 익 율<br>( 6 ) | 39.2% |
| 투자 summary | | | | | |
| 물건 특징 | 인테리어를 통하여 명도 후 수리 전 임차인 세팅 완료<br>주안역 트리플 역세권에 대한 호재 감정가 미반영 | | | | |
| 리스크 관리 | 고속도로가 주위에 있으나 방음벽으로 소음 차단 잘 되어<br>있음<br>로얄층 남향이라 채광 좋음 | | | | |
| 교훈 | 월세 소득은 꾸준히 잘 받고 있으나, 월세 세팅까지 과정이<br>힘듦<br>낙찰가를 약간 높게 쓴 것이 계속 마음에 걸림 | | | | |

저자(청목)가 경험한

# 670만 원 여윳돈이 생긴
# 인천 서구 다세대 빌라

## 6개월 동안 패찰 9번 만에 첫 낙찰을 받다

부동산 경매 강연 수강 후 어느 정도 자신감이 생긴 나는 첫 입찰을 하기로 마음먹었다. 완벽하게 준비하고 시작하면 늦을 것 같았다. 당시 첫 입찰로 노리던 물건은 전남 광양의 소형 아파트로, 고향이고 내가 잘 아는 지역이라 확신이 있었다.

해당 임차인은 배당받아가는 소액임차인이며 권리분석에 있어 전혀 문제가 없었다. 그러나 첫 입찰과 동시에 아쉽게 2등으로 패찰을 경험하였다.

비록 패찰이지만 나에게는 입찰보다도 더 값진 경험이었고 다시 도전할 수 있게 성장할 수 있는 발돋움이 되었다. 온라인 카페에도 경험담을 올리며 정보를 공유하곤 했다. 회원들과 소통을 통해 나의 부족한 점을 채워나갔고, 정보 공유를 하면서 점차 나무가 아닌 숲을 보게 되었다. 소액으로 최상의 투자를 할 수 있는 곳이 어디일까 검색하던 차에 서울과의 접근성이 좋고 집값이 저렴하면서 수요가 활발한 인천을 집중적으로 검색했다. 회사 동료만 봐도 인천에서 출퇴근하는 사람들이 많았고 투자금 대비 높은 수익률을 올릴 수 있는 지역이었다.

인천에 처음 발 디딘 날을 아직도 잊지 못한다. 햇볕이 강하게 내리쬐고 비가 내려도 나의 열정을 막을 수는 없었다. 한 주 한 주 임장을 통해 점차 인천 각 구를 공부하고 분석했다.

나만의 시세 리스트를 만들고 인천 지역을 완벽히 마스터하기 위해 대단히 노력했다. 초보자인 나는 인천을 분석함과 동시에 세 가지 조건이 맞는 빌라를 집중적으로 임장을 하였다.

첫째, 실투자금 500만 원 미만

둘째, 월 순수익 20만 원 이상

셋째, 2010년 이후 신축

최악의 상황을 대비해 절대 잃지 않는 투자를 하기로 결심했다. 인천 서구, 부평구 위주로 공부를 하던 중 투자자들의 관심을 한 몸에 받고 있는 지역인 검암역 위주로 검색했다. 투자금 대비 수익률이 높은 편이고 공실이 생기지는 않을 것이란 생각에 입찰을 결심하게 되었다. 하지만 내 눈에 좋으면 남들 눈에도 좋은 법. 입찰을 들어갈 때 마다 20명 이상, 낙찰가율 100% 가까이 되었다.

연속된 패찰로 자신감이 하락하던 찰나, 생각의 전환으로 다시 작전을 바꾸게 되었다. 경쟁률이 덜하고 공실률이 적으며, 탄탄한 수요가 받쳐 주는 월세가 나올 수 있는 서구 경서동으로 눈을 돌리게 되었다. 한 사이클용으로 월세의 맛을 보기에는 아주 적합할 것이란 생각이 들었다.

열 번 찍어 안 넘어가는 나무는 없었다. 드디어 초등학교와 버스 정류장이 앞에 위치해 있는 경서동 빌라를 낙찰받았다. 앞서 말한 3가지 조건 2010년 이후 신축, 월 순수익 20만 원 이상, 실투자금이 500만 원 미만 투자 물건이었다.

이렇게 첫 낙찰을 받았을 무렵부터 함께 경매 공부를 했던 동료들 중 일부는 꾸준히 활동하고 있는 반면에, 활동도 뜸해진 사람들도 있었고 경매계를 떠난 사람도 있었다.

부동산 경매의 특성상, 내가 가고 있는 길이 옳지 않다고 생각하거나 이해 못 하실 분들도 있을 것이다. 하지만 나는 이 일이 적성에도 잘 맞고, 나에게 경제적 자유를 가져다 줄 것이라 확신한다.

경제적 자유를 위해 돈을 벌 수 있는 재테크 종류는 무궁무진하다. 각자 자신의 입맛에 맞는 투자 활동을 찾아 행동으로 실천하는 것이 무엇보다 중요하다. '실행이 답이다'라는 말처럼, 나는 나에게 맞는 부동산 투자와 평생 가기로 마음먹었다.

평일에는 평범한 회사원으로서 직장에서 일하고, 주말에는 부동산 투자자로서 누구보다 발 빠르게 움직일 것이다. 내가 가진 연필로 지금처럼 꾸준히 임장하고 입찰하고 낙찰하는 나의 모습을 그려 나갈 것이다.

## 빌라로 평생 월세 받는다

부동산 경매는 기본기만 터득하면 된다. 너무 어렵게 생각하지 말자. 그 다음부터는 관련 서적을 보고 전문 용어 등의 문제에 관해 공부해 간다. 견문을 넓혀 가면 되는 분야이다. 즉 오픈 북처럼 내가 원할 때면 언제나 책을 열고 공부해 나갈 수 있다.

그리고 하는 만큼 최상의 결과를 이끌어 낼 수 있는 최고의 재테크라 생각한다. 경매 투자의 장점은 시세에 비해 싸게 살 수 있다. 경락잔금대출을 이용하면 일반 매매보다 더 많은 대출을 받을 수 있다.

## 인천 서구 경서동
## 다세대 빌라(방3, 화1)

낙찰가: 98,025,000원
당시 시세: 약 110,000,000원
현재: 보증금 2천만 원 월세 45만 원

| 투자내역 | | | 초기비용 | | | 수익(단순계산) | |
|---|---|---|---|---|---|---|---|
| 감 정 가 | 125,000,000 | | 세금 및 등기 | 1,700,000 | | 현 재 시 세 | 120,000,000 |
| 낙 찰 가 ( 9 2 % ) | 98,025,000 | | | | | 총 취 득 가 | 100,425,000 |
| 대 출 ( 감 정 가 7 0 % ) | 87,125,000 | | 기 타 | 700,000 | | 차 익 ( 4 ) | **14,575,000** |
| 잔 금 ( 1 ) | **10,900,000** | | 합 계 ( 2 ) | **2,400,000** | | 월 세 | 450,000 |
| 총 투 자 금 ( 1 + 2 ) | 13,300,000 | | | | | 대 출 이 자 | 220,000 |
| 월세보증금 ( 3 ) | 20,000,000 | | | | | 월순수익(5) | 230,000 |
| 최종투자금 ( 1 + 2 - 3 ) | **6,700,000** | | | | | 수 익 율 ( 6 ) | 플 러 스 수 익 율 |

| 투자 summary | |
|---|---|
| 물 건 특 징 | 경락잔금 8천7백만 원 대출을 받고 보증금 2천만 원을 받으니 오히려 여유금 약 670만 원이 생겼다. 670만 원으로 다음 2호 물건을 투자하였다. |
| | 초등학교 정문과 10미터 거리이며, 뒷면에는 유치원이 있어 아이있는 가족이 선호하며 월세 수요가 꾸준하다. |
| 평 가 및 느 낀 점 | 낙찰 후 임차인을 바로 만난 점은 잘했으나 중간 협상 과정에서 매끄럽지 못했다. 집으로 내용증명서를 보냈으나 송달이 되지 않아 다급한 나머지 임차인의 회사까지 보낸 게 임차인의 자존심을 건들었다. 서로가 감정 싸움을 하였지만 배당받아가는 임차인이라 원만히 명도를 완료하였다. |

272쪽의 표를 보고 이야기해 보자. 2015년 당시 저자가 낙찰받은 인천 서구 다세대 빌라이다. 당시 보증금 2천만 원 월세 40만 원을 계약했으며 현재는 45만 원으로 올려서 다른 임차인과 계약을 했다. 이 물건을 낙찰받기 전까지 패찰 9번을 경험하고 나서야 낙찰을 받았다. 거듭되는 패찰을 하다 보면 종종 드는 생각이 있다. 정말 경매로 돈을 벌 수 있는 것일까? 이런 의문은 뚜렷한 수익을 실질적으로 실현하기 전까지 끊임없이 들 것이다.

이럴 때마다 경매에 대한 확신이 없다면 지쳐가면서 결국 포기해 버리는 경우가 많다. 처음 공부를 했을 당시에 스터디 동료들이 있지만 주위에 남아 있는 사람들은 거의 없다. 하지만 확신이 있다면 이는 끝까지 갈 수 있는 강력한 열정과 동기가 부여되는 것이다.

대출은 감정가의 70%까지 받고 잔금 (1) 1,090만 원 남았다. 취ㆍ등록세 및 법무비, 기타 비용인 초기투자비용 (2) 240만 원이 발생했다. 총 투자금은(1+2) 1,330만 원만 필요했으나, 월세보증금 (3) 2천만 원을 받으니 오히려 돈이 들지 않고 약 670만 원의 여유 자금이 생겼으며 순수익(월) 23만 원이 남았다.

처음 임차인보다 월세 5만 원을 올린 2016년 8월부터 두 번째 임차인이 살고 있다. 일단 향후에 이 집이 오를 수 있을까? 오르더라도 아파트에 비해 빌라는 덜 오르거나 시세가 변동이 없을 수 있다. 미래의 시세차익까지 예측하기는 상당히 어렵다. 하지만 현재 월세 수요가 많고, 풍부한 수요가 뒷받침되어 환금성이 뛰어날 것이라 확신이 들었다. 권리분석상 깨끗하고 안전한 물건이다. 한 바퀴 사이클용으로 첫 투자 물건은 과감히 투자하는 것도 좋다. 첫 술에 배부를 순 없다. 이것을 흔히 '무피 투자'라고 한다.

나의 돈이 많이 들지 않는 투자, 나의 돈이 오히려 플러스피가 되는 투자, 나의 돈을 바로 뺄 수 있는 투자에 집중해 보자. 나를 위해, 내가 일하지 않아도 매월 돈이 들어오는 시스템을 구축해 보자.

# 200만 원 여윳돈이 생긴 인천 부평구 오피스텔

## 주택임대사업자로 등록하다

금리 인상 가능성과 대출 규제에도 불구하고 수익형 부동산에 투자자들의 관심이 계속 이어지는 것은 여전히 임대 수입이 예금, 적금 금리보다 높은 수익을 안겨 주기 때문이다. 초보 투자자들이 가장 쉽게 접근할 수 있는 수익형 상품은 오피스텔이다.

아파트에 비해 상대적으로 가격이 저렴하고 청약통장 없이도 분양받을 수 있어 진입장벽이 높지 않아서다. 투자가치가 높다는 것은 임대 수익률이 보장되는 곳을 말한다. 입지가 좋은 지역일수록 그만큼 확률이 높다.

그렇다면 좋은 입지의 오피스텔은 어떻게 선별해서 투자해야 할까? 대표적인 곳이 바로 업무중심지, 대학가, 중심 상업지역 등이다. 임대 수요가 꾸준하거나 향후 임대 수요가 늘어날 수 있는 곳이다.

오피스텔 투자는 시세차익이 아니라 월세 소득이 목적이다. 공실이 날 입지의 상품을 절대 사면 안 된다. 완전히 검증된 입지가 아니라면 신규로 분양받는 것보다는 이미 임대로 세팅된 또는 매매와 동시에 세팅이 가능한 물건을 매수하는 것이 좋다.

하지만 신축 분양도 공실 날 염려가 없고 수요가 활발하고 역세권이라면 말은 달라진다. 돈이 들어가지 않고, 대출이자율을 제외한 월 25만 원의 순수익이 남고 수익률이 좋으며, 추후 덤으로 시세차익까지 발생할 수 있는 물건이다.

인천 부평구 오피스텔은 신규 분양받은 물건이다. 주택 임대 사업자로 등록하여 의무적으로 4년간 임대를 해야 한다. 물건 검색부터 세입자 맞추기까지 순서대로 정리를 해 보았다.

## 인천 부평구 부평동
## 신축 오피스텔(방3, 화1)

분양가: 160,500,000원
당시 시세: 약 170,000,000원
현재: 보증금 2천만 원 월세 70만 원

| 투자내역 | | 초기비용 | | 수익(단순계산) | |
|---|---|---|---|---|---|
| 당 시 시 세 | 165,000,000 | 세금 및 등기 (주택임대 사업자 등 록 후 취득세 85% 감면) | 2,280,000 | 현 재 시 세 | 175,000,000 |
| 매 매 가 | 160,500,000 | | | 총 취 득 가 | 163,180,000 |
| 대 출 | 145,000,000 | 기 타 | 400,000 | 차 익 ( 4 ) | **11,820,000** |
| 잔 금 ( 1 ) | **15,500,000** | 합 계 ( 2 ) | **2,680,000** | 월 세 | 700,000 |
| 총 투 자 금 ( 1 + 2 ) | 18,180,000 | | | 대 출 이 자 | 447,083 |
| 월세보증금 ( 3 ) | 20,000,000 | | | 순 수 익 | 252,917 |
| 최종투자금 ( 1 + 2 - 3 ) | **1,820,000** | | | 수 익 율 | 플러스 수익율 |
| 투자 summary | | | | | |
| 물 건 특 징 | | 층별로 분양가 차이가 났으며 투자용으로는 고층보다 저층 이 수익율이 좋다. 분양사에서 취득세 400만 원을 지원해 줬으며, 주택임대사 업자를 등록해 취득세 85%를 감면 받았다. | | | |
| 평 가 및 느 낀 점 | | 주변에 신축 공급이 많았으며 어떤 투자자는 몇십개씩 물 건을 사들였다. 타이밍이 늦었으면 원하는 월세 금액을 받 지 못했을 것이다. | | | |

신축 분양 전문 팀장 또는 부동산 소개로 여러 집을 본다. 평수별, 가격별, 위치별로 한 번에 보기 쉽게 비교해 가면서 보자. 각 집들에 대한 장, 단점과 궁금증을 해결할 수 있다.

역세권, 주변 수요와 공급, 현재 시세, 수익률, 향후 보너스 시세 차익까지 고려해 보자.

오피스텔 분양을 책정할 때 일반적으로 향과 저층과 고층의 가격 차를 10~20%까지 둔다. 그리고 취·등록세 지원 금액도 입지와 물건마다 다르다. 하지만 월세 임대료는 거의 차이가 나지 않는다. 월세 수익률을 더 높이려면 고층보다는 저층을 싸게 사서 임대하는 것도 방법이다. 하지만 추후 매도 시(출구전략) 고층보다는 저층이 불리할 수 있기 때문에 전략을 잘 짜야 한다.

오피스텔은 부동산 초보자가 투자하기에 많은 장점들이 있다. 소액으로 투자하기 좋고, 빌라에 비해 비교적 수리할 일이 적다. 오피스텔을 찾는 이들은 1~2인 가구다. 거주하는 이들은 대부분 직장인, 대학생, 신혼부부, 소가족이다. 이들이 1순위로 삼는 것이 출퇴근 시간, 등하교 교통 편리성이다. 결국 오피스텔은 외관보다 입지와 교통이 중요하다.

오피스텔은 건축법상 상업용(상가)으로 취급되며 취득세는 4.6%다. 오피스텔의 본래 용도는 업무용이다. 그러나 세법에서 판단은

278

실제로 사용하는 용도에 따라 주거용과 업무용으로 구분하여 과세를 한다. 즉, 주거용으로 사용하는 경우에는 주택으로 보게 된다.

**오피스텔 주거용 & 업무용 세금 차이**

| 구분 | 주거용 | 업무용 |
|---|---|---|
| 부가가치세 | 환급 불가 | 환급 가능 |
| 종합소득세 | 연간 2,000만 원 비과세 | 비과세 규정 없음 |
| 양도소득세 | 주택 수에 합산<br>(단, 주택임대사업자로 등록하면 제외) | 주택 수 제외 |
| 취득세 | 주택임대사업자로 등록하면 감면 | 면제 규정 없음 |

오피스텔은 업무시설로 세금이 부과되므로 주택보다 세금과 추가 관리 비용이 나간다. 주택임대사업자의 단점은 4년 동안 의무적으로 보유해야 한다는 점이다. 의무보유기간을 채우지 못할 시 할인받은 세금을 모두 반환해야 하며 벌금이 있다. 주택임대사업자, 일반임대사업자들의 세제, 면세, 환급 혜택 등은 어디까지나 건물의 '최초 분양자'에 한해서만 혜택이 있으므로, 일반 매매에는 해당되지 않으니 참고하기 바란다.

### ⑵ 1차 계약서 작성하기

드디어 계약서를 쓴다. 계약금은 통상적으로 분양가의 10%를 입금하지만 웬만 하면 최대한 적게 넣으려고 노력한다. 2억 원이면 2천만 원이란 계약금이 필요하다. 어차피 내야 할 돈이지만 1천만 원만 계약금을 입금하고, 나머지 1천만 원은 다른 물건 살 때 계약금으로 넣을 수도 있기 때문이다.

### ⑶ 대출 실행하기

은행이나 법무사 사무실에 방문하여 대출 서류를 작성하는 것을 '자서 한다'고 말한다. 대출 서류는 자세하게 안내를 해주고 소요 시간은 1시간 정도 걸린다. 법무비는 무조건 과하게 측정되었다고 봐야 한다. 당연히 깎아야 한다는 이야기다. 최소 3군데 이상 견적을 받아 비교해 본 후 저렴한 곳을 선택하도록 하자.

하지만 신축 오피스텔의 경우는 분양사무소에서 계약한 은행과 법무사만 거래를 해야 한다. 그래도 법무사 비용에 약간 거품이 있을 수 있으니 잘 확인해 보자. 준공을 거쳐 임차인을 구할 때까지 시간이 지나다 보면 대출 조건이 처음과 다르게 진행되는 경우가 있다. 계획과 다른 조건의 대출이 진행될 경우 계약이 파기될 수 있음을 계약서에 명시하자.

(4) 전세 및 월세 세입자 구하기

수요가 넘쳐나고 역세권 입지, 감각적인 인테리어와 엘리베이터, 무인택배함, 주변 오피스텔보다 약간 금액이 저렴하다 싶으면 분양이 빠르게 완료된다. 조망이 좋은 집, 구조가 잘 나온 집 등 임차인에게 매력적으로 다가갈 포인트가 있는 집이어야 한다.

계약금을 넣고 잔금은 전세나 월세 들어 올 때 보증금으로 잔금을 치르는 조건으로 맞추면 된다. 수요가 활발한 지역이면 완공이 안 되었음에도 불구하고 임차인은 금방 맞출 수 있다.

**여기서 잠깐만 팁**

### 성공적인 오피스텔 투자 방법 5가지

- 유동인구가 많은 역세권
- 투자비용이 적은 저층형
- 편의시설이 잘 갖추어져 있는 곳
- 주차공간이 많고 관리비가 저렴한 곳
- 주변에 대규모 추가 공급이 없는 곳

# 500만 원으로 산
# 인천 서구 다세대 빌라

    검암동은 공항철도, 인천 2호선, KTX의 3개의 노선을 가지고 있다. 2016년 말 7월말 인천 2호선 개통으로 검암동에서 검단 지역과 인천 도심으로의 이동이 편리해졌다. 2020년에 공항철도 검암역이 서울지하철 9호선과 직결 운행하면 별도 환승 없이 서울 강남권으로 이동이 가능할 것으로 예상 된다.

    검암역에서 가장 가깝고 선호도가 가장 높은 아파트인 서해 그랑블과 풍림아이원 2차를 조사한 적이 있다. 서해그랑블은 동 간 간격이 넓고 시세를 주도하는 대장주 아파트이다. 2016년 7월 기준 27평 아파트 매매가는 2억 9천만 원~3억 1천만 원 정도였다. 전세는 2억 5천만 원 정도했다. 풍림아이원 2차의 경우도 역에서 가까운 단지라 소형 평수를 매입한다면 향후 매매가 상승을 전망했지만 투자금이 많지 않은 나에겐 그림의 떡이었다. 소액투자로 적합한 빌라에 눈을 돌리게 되었다.

검암역은 역사와 주택가와의 거리가 도보권으로 가깝고 생활 편의시설이나 상권도 잘 형성돼 있어서 인천지역 젊은 직장인들 사이에선 살기도 좋고 서울 나가기도 편한 곳이다. 인천공항에서 근무하는 승무원이나 공항공사 직원들도 많이 살고 있다.

그 당시도 경매시장은 이미 투자자들이 많이 몰렸고 경매 낙찰가율도 상당히 높아서 낙찰받기가 쉽지 않았다. 일반 매매가보다 높게 낙찰가가 높은 진풍경을 보이고 있었다. 그래서 경매보다는 급매로 물건을 찾으러 다녔다.

이 당시만 하더라도 누군가가 나에게 번지수만 불러줘도 위치랑 구조 어느 빌라인지 대략 감이 올 정도로 정말 많은 빌라를 보러 다녔다. 시세는 매매가와 전세가는 별반 차이가 없었다. 그중 검바위역 부근에 있는 4층 중 3층 전용 15평(방3,화1) 다세대 빌라를 1억 2천3백만 원에 매매를 해서 1억 2천만 원으로 선세를 놓게 된다.

# 다세대 전세 계약서

1. 부동산의 표시

소 재 지  인천광역시 서구 검암동

| 토   지 | 지목 대 | | | | |
| 건   물 | 구조 철근콘크리트 | | | | |
| 임대할부분 | 제301호 전부 | | | | |

2. 계약내용

보 증 금  금일억이천만원정 (₩120,000,000)

계 약 금  금일백만원정은 계약시 지불하고 영수함

잔   금  금일억오천만원정은                     2015년 12월 30일

전   세  금일억오천만원정은                 2015년 12월 07일

특약사항

다세대 전세 계약서

# 인천 서구 검암동
## 다세대 빌라(방3, 화1)

매매가: 123,000,000원
당시 시세: 약 130,000,000원
현재: 전세 120,000,000원

| 투자내역 | | 초기비용 | | 수익(단순계산) | |
|---|---|---|---|---|---|
| 당 시 시 세 | 130,000,000 | 세금 및 등기 | 1,900,000 | 현 재 시 세 | 140,000,000 |
| 매 매 가 | 123,000,000 | | | 총 취 득 가 | 125,550,000 |
| | | 기 타 | 650,000 | 차 익 ( 4 ) | **14,450,000** |
| 잔 금 ( 1 ) | 123,000,000 | 합 계 ( 2 ) | **2,550,000** | | |
| 총 투 자 금 ( 1 + 2 ) | 125,550,000 | | | | |
| 전 세 금 | 120,000,000 | | | | |
| 최종투자금 ( 1 + 2 - 3 ) | **5,550,000** | | | | |
| 투자 summary | | | | | |
| 물 건 특 징 | | 인천지하철 2호선 검암바위역 1분거리. 2016년 7월 2호선 개통 후 매매가 꾸준히 상승 중이다. 엘리베이터가 없지만 필로티 구조로 3층이라 걸어다닐 만하며 통베란다가 있다. | | | |
| 평 가 및 느 낀 점 | | 겨울철에 동파가 잘 되며 세탁실 배수구에서 역류를 3번 일으켰다. 2층 아랫집까지 누수피해를 줘서 제일 골치 아픈 물건이었다. 하지만 제일 힘들고 피해를 입은 사람은 현재 살고 있는 임차인이다. 문제가 생길 때마다 신속하게 처리해 주고 신경 써 주는 집주인이 되려고 노력했다. | | | |

# 800만 원으로 산
# 인천 남구 다세대 빌라

 

 

 

 

필자는 학창시절 기숙사 생활을 하거나 자취 생활을 했었다. 그 당시엔 부모님에게 용돈을 받고 다녔으며, 방학 때는 아르바이트를 하면서 생활비를 버는 평범한 학생이었다.

대학교 때는 원룸에서 자취를 하는 친구들이 생각보다 많았다. 저자 또한 학창시절 기숙사 생활과 자취 생활을 했었다. 주위를 보면 높은 월세가 부담스러워 투룸에서 2명 정도 함께 사는 학생과 형제들끼리 생활하는 경우가 의외로 많다. 그래서 서울/수도권 대학가의 투룸을 경매로 받거나 급매를 잡아서, 깔끔한 내부와 풀옵션으로 세팅 후 월세를 높게 받을 목적으로 물건 검색을 시작했다.

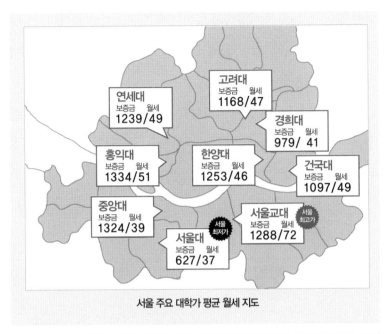

서울 주요 대학가 평균 월세 지도

출처 : 부동산 정보 애플리케이션 다방에 따르면 서울 주요 대학가 10곳의 원룸 평균 월세는 48만 원, 보증금은 1천158만 원으로 나타났다. 다방에 따르면 이번 조사는 다방에 등록된 서울시 내 매물 4만 건 중 주요 대학가 주변의 33㎡ 이하 원룸을 대상으로 했다.

위는 서울 주요 대학가 평균 월세 지도이다.

인천에 경매 물건의 현장 답사를 갔다가 아주 괜찮은 급매물을 찾게 되었다. 주변 원룸은 공급이 포화였지만, 투룸은 희귀성이 있었고 내가 원하는 물건이었다. 그리고 브리핑하는 부동산 중개소분의 상담력과 홍보력은 사람을 끌어당기는 힘이 있었다. 추후 월세를 맡길 때 금방 돌아올 것 같았다.

위치도 아주 좋았다. 인하대학교와 인하공업전문대학의 학생 수요가 높았고, 근처에 시장까지 있어서 실거주 수요도 있었다. 그 당시 소유자인 엄마와 딸이 함께 살고 있었는데 딸이 결혼하게 되어 빨리 집을 팔고 싶어 하는 상황이었다.

인근 깔끔한 투룸은 보증금 5백만 원 월세 60만 원 이상은 받을 수 있었다(내부 옵션에 따라 상이). 실투자금을 줄이기 위해 보증금 2천만 원, 월세 40만 원 세팅도 가능하지만 학생들의 할인 요청으로 37만 원으로 월세를 주었다.

# 인천 남구 용현동
## 다세대 빌라(방2, 화1)

낙찰가: 82,000,000원
당시 시세: 약 90,000,000원
현재: 보증금 20,000,000 원 월세 37만 원

| 투자내역 | | 초기비용 | | 수익(단순계산) | |
|---|---|---|---|---|---|
| 당 시 시 세 | 90,000,000 | 세금 및 등기 | 1,230,000 | 현 재 시 세 | 90,000,000 |
| 매 매 가 | 82,000,000 | | | 총 취 득 가 | 83,730,000 |
| 대 출 | 56,000,000 | 기 타 | 500,000 | 차 익 ( 4 ) | **6,270,000** |
| 잔 금 ( 1 ) | **26,000,000** | 합 계 ( 2 ) | **1,730,000** | 월 세 | 370,000 |
| 총 투 자 금 ( 1 + 2 ) | 27,730,000 | | | 대 출 이 자 | 140,000 |
| 월세보증금 ( 3 ) | 20,000,000 | | | 월순수익(5) | 230,000 |
| 최종투자금 ( 1 + 2 - 3 ) | **7,730,000** | | | 수 익 율 ( 6 ) | 35.7% |
| 투자 summary | | | | | |
| 물 건 특 징 | | 물건 주변으로 원룸은 포화이나 투룸은 희소성이 있다. | | | |
| | | 인하대학교, 인하공전 대학생 수요가 주로 타겟이며 인근에 초등학교와 시장이 있어 일반인들도 선호함 | | | |
| 평 가 및 느 낀 점 | | 경매 물건 임장을 갔으나 경매 물건보다 더 좋은 빌라를 찾게 되었다. | | | |
| | | 대학생은 방학 전후로 집을 많이 구하러 오기 때문에 세 놓는 시기가 중요하다. 보증금을 적게 내더라도 월세를 높게 하는 걸 더 선호한다. | | | |

# 경매 낙찰 후 3개월 안에
# 매도하는 기술

　본 물건은 인천에 있는 2009년식 방 3개, 화장실 1개 다세대 빌라이다. 역세권 빌라의 경우도 상당히 짭짤한 케이스가 많다. 권리분석은 전혀 문제될 것이 없었다. 정말 안타까운 건 임차인이 배당 요구를 늦게 해서 보증금 2천만 원을 날리는 상황이었다. 명도 시 저항이 있을 것으로 예상하고 이사 비용은 여유 있게 책정했다. 최악으로 강제집행까지 가 볼 생각으로 입찰에 들어갔다.

　시세는 보증금 2천만 원에 월세 65~70만 원이다. 매매가는 1억 6천~7천만 원이었다. 인근에 많은 신축 오피스텔이 공급 중이었다. 공급도 많았지만 수요도 넘쳐 났다. 낙찰 물건은 신축 오피스텔에

| 물건종별 | 다세대(빌라) | 감정가 | 165,000,000원 | 오늘조회: 1 2주누적: 300 2주평균: 21 [조회동향] |||
| 대지권 | 27.57㎡(8.34평) | 최저가 | (70%) 115,500,000원 | 구분 | 입찰기일 | 최저매각가격 | 결과 |
| 건물면적 | 67.53㎡(20.429평) | 보증금 | (10%) 11,550,000원 | 1차 | 2016-04-12 | 165,000,000원 | 유찰 |
| 매각물건 | 토지·건물 일괄매각 | 소유자 | ▓▓▓▓ | 2차 | 2016-05-17 | 115,500,000원 | |
| 개시결정 | 2015-08-28 | 채무자 | ▓▓▓▓ | 낙찰 : 151,249,900원 (91.67%) ||||
| 사건명 | 임의경매 | 채권자 | 남원새마을금고(변경전:산내 새마을금고) | ▓▓▓▓▓▓▓▓▓▓▓▓▓ 2등입찰가 147,500,130원 / 차순위신고) 매각결정기일 : 2016.05.24 - 매각허가결정 ||||

비해 거실과 방이 넓었다.

통 베란다가 있고 1층 공동 창고가 있어 물건 관리에 용이했다. 역세권이라 공실률도 적고 향후 매도도 잘 될 것이라고 판단했다.

낙찰 후 빠른 시일에 명도 후 도배, 장판, LED조명 기본만 수리할 예정이었다. 실제 매도 당시에는 수리는 안 하고 그 비용을 깎아 줬다. 매도 차익은 큰 욕심 부리지 않고 투자금을 회수 후 다른 물건에 재투자를 했다. 수협은행에 약 2.8% 1년 거치로 대출받았다.

낙찰 일주일 후 임차인을 만나러 갔다. 운 좋게 바로 만날 수 있었다. 최대한 긍정해 주며, 이사 비용은 먼저 절대 써내시 않았다.

내용 증명을 보내기 전 임차인한테 내용증명서 보내니 오해 없길 바란다고 전화를 한 통화 한다. 내용 증명을 보내기 전 임차인한테 내용증명서를 보내니 오해 없길 바란다고 미리 전화를 했다. 내용 증명 안에는 강한 문구와 원만한 합의(잔금 치르기 전까지 이사를 할 시 이사비 지급)를 하자는 문구도 넣었다. 그리고 부동산에서 집을 보러 오면 최대한 협조해 줄 수 있도록 이야기를 했다.

인근 부동산 10군데에 물건을 내놓았다. 매도가 안 되면 중개 수수료를 2배로 드려도 좋다. 어떤 부동산은 터무니없는 가격이라고 하는 곳도 있고, 형식상 메모를 해두는 중개소가 있다.

하지만 가장 적극적이고 친절하고 내 마음에 맞는 부동산 2~3군데 찜해서 수시로 연락한다. 이때 욕심부리지 말고 조금만 수익을 남기자라는 생각으로 단타를 쳤다.

매수자 1명만 찾으면 된다. 빌라 시세 상승폭이 아파트에 비해 크진 않지만, 아파트 값이 상승하면 빌라도 당연히 상승할 것이다. 실투자금액이 없이 오히려 종잣돈을 만들 수 있는 게 빌라 투자다. 누구나 빌라 투자를 할 수 있다. 경매로 낙찰받은 빌라 투자도 이렇듯 어느 정도 차익을 낼 수 있다.

## 인천 부평구 부평동
## 다세대 빌라(방3, 화1)

낙찰가: 151,140,000원
당시 시세: 약 1억 6천~7천만 원
현재: 3개월 안에 명도 후 매도함

| 투자내역 | | 초기비용 | | 수익(단순계산) | |
|---|---|---|---|---|---|
| 감 정 가 | 165,000,000 | 세금 및 등기 | 2,200,000 | 매 도 가 | 161,000,000 |
| 낙 찰 가 ( 9 2 % ) | 151,140,000 | 명 도 비 용 | 300,000 | 총 취 득 가 | 151,140,000 |
| 대 출 ( 감 정가70%) | 115,005,000 | 기 타 | 1,200,000 | 차 익 ( 4 ) | **9,860,000** |
| 잔 금 ( 1 ) | 36,135,000 | 합 계 ( 2 ) | **3,700,000** | | |
| 총 투 자 금 ( 1 + 2 ) | 39,835,000 | | | | |
| 투자 summary | | | | | |
| 물 건 특 징 | | 역세권으로 수요도 많고 공급도 많은 지역. 거실과 방 면적이 크며 1층에 짐을 보관할 수 있는 창고가 있어서 짐 보관이 용이하다. | | | |
| 평 가 및 느 낀 점 | | 주변 신축 오피스텔 공급이 많아 위험 요소가 있었으나 시세보다 저렴한 매매가로 낙찰 후 3개월 안에 매도하였다. | | | |

　그리고 1년 미만으로 매도를 하여 양도세를 40% 넘게 납부한 물건이다. 국세청 홈택스에서 양도소득세 모의계산을 하면 미리 양도소득세를 알 수 있다.

## 양도소득세 간편 계산(부동산)

| 구분 | 단기양도 40% 적용 세율 [1-15] | 비고 |
|---|---|---|
| ① 소재지 | | |
| ② 양도가액 | 161,000,000 | 양도일자 : 2016.08.17 |
| ③ 취득가액 | 154,000,000 | 취득일자 : 2016.05.17 |
| ④ 필요경비 | 0 | |
| ⑤ 양도차익 | 6,600,000 | ( ② - ③ - ④ ) |
| ⑥ 장기보유특별공제 | 0 | |
| ⑦ 양도소득금액 | 6,600,000 | ( ⑤ - ⑥ ) |
| ⑧ 양도소득기본공제 | 2,500,000 | |
| ⑨ 과세표준 | 4,100,000 | ( ⑦ - ⑧ ) |
| ⑩ 세율 | 40% | |
| ⑪ 산출세액 | 1,640,000 | ( ⑨ × ⑩ ) |
| ⑫ 자진납부할세액 | 1,640,000 | |
| 지방소득세자진납부세액 | 164,000 | ( ⑫ × 10% ) |

# 900만 원으로 산
# 전남 광양 아파트

광양은 순천, 여수, 3개 도시가 같은 생활권으로 봐도 무방하다. 여수의 경우는 2012년 여수세계박람회를 계기로 여수로 통하는 도로, 철도, 항만 등 교통인프라가 크게 개선되었다. 이순신대교는 전남 여수와 광양시 금호동 사이를 연결하는 현수교인데 교통 시간을 1시간에서 약 20분 정도로 많이 단축시켜 놨다.

전남의 총인구 190만 명 중 여수 29만 명, 순천 28만 명, 목포 24만 7천 명, 광양 15만 3천 명 정도가 된다. 광양은 전남에서 4번째로 인구수가 많은 도시이다. 〈출처 : 행정자치부 주민등록인구 통계〉

2016년 하반기 당시 여수와 순천은 마땅히 투자할 물건이 없었고 가격도 싸지 않았다. 저평가되어 있다고 판단된 광양으로 눈을 돌리게 되었다. 광양은 2019년까지 공급 물량이 거의 없으며 더 이상 떨어질 가격은 아니라고 판단되었다. 광양은 일자리를 찾으러 온 젊은 수요층이 두터운 산업 도시이며 평균 연령 39.2세로 전남에서 가장 젊은 도시이다.

20평대 매수는 투자자들이 많으며 30평대는 실거주로 많이 들어가는 추세이다. 성호, 태영, 금강, 무등, 남양, 금광블루빌 등으로 투자자들이 많았으며 부산지역에서 끊임없이 들어오고 있다. 투자 비용 900만 원이 들어갔는데 사실 수도권에서 잘 찾아보면 이 금액으로 투자할 수 있는 물건들이 많다. 하지만 그 당시 가격이 바닥에서 서서히 오름세를 맞이할 준비를 하고 있었다. 최근에는 수도권에서도 투자자들이 온다는 부동산 중개소의 말이다. 내가 매수한 20평 아파트는 베란다가 확장형에 기본 수리로 된 집이었다. 조금 아쉬운 건 베란다가 2중 샷시가 아니라 겨울철에 많이 추울 것이다. 단점을 보완하기 위해 최소 금액으로 화장실, 싱크대, 도배, 장판, 페인트 칠 수리를 했더니 임차인은 금방 맞출 수 있었다.

## 전남 광양
## 24평 아파트(방2, 화1)

매매가: 54,000,000원
당시 시세: 60,000,000원
현재: 보증금 10,000,000원, 월세 250,000원

| 투자내역 | | 초기비용 | | 수익(단순계산) | |
|---|---|---|---|---|---|
| 당 시 시 세 | 60,000,000 | 세금 및 등기 | 594,000 | 현 재 시 세 | 65,000,000 |
| 매 매 가 | 54,000,000 | 수 리 비 용 | 4,000,000 | 총 취 득 가 | 58,864,000 |
| 대 출 | 40,000,000 | 기 타 | 270,000 | 차 익 ( 4 ) | **6,136,000** |
| 잔 금 ( 1 ) | 14,000,000 | 합 계 ( 2 ) | **4,864,000** | 월 세 | 250,000 |
| 총 투 자 금 ( 1 + 2 ) | 18,864,000 | | | 대 출 이 자 | 100,000 |
| 월세 보증금 ( 3 ) | 10,000,000 | | | 월 순 수 익 ( 5 ) | 150,000 |
| 최종투자금 ( 1 + 2 - 3 ) | **8,864,000** | | | 수 익 율 ( 6 ) | 20% |
| 투자 summary | | | | | |
| 물 건 특 징 | | 1996년 식으로 오래 되었으나 다른 아파트에 비해 튼튼히 지어졌다고 사람들에게 인식됨. 20평대는 제철소, 협력업체 직원들 거주함 | | | |
| 평 가 및 느 낀 점 | | 옆 단지는 투자자들로 많이 들어갔으며 해당 지역은 나의 고향이라 시세를 파악하는 데 아주 용이했다. | | | |

# 1천만 원으로 산
# 서울 노원구 아파트

서울에서 인구가 가장 많은 구는 어디일까?

2016년 12월 기준으로 노원구 인구는 58만 명으로 서울 25개구 중에서 3위다. 현재 1위 송파구가 67만 명, 2위인 강서구가 59만 명, 3위인 58만 명의 노원구 순이다. 하지만 일자리는 25개 자치구 중 20위권에 머무르고 있고 전형적인 베드타운이다.

공릉동은 비교적 저렴한 집값과 다양한 부동산 시설들이 있고 살기에도 참 좋고 지하철 7호선 개통 이후 강남권 접근성이 좋아지고 있다. 중계, 상계보다는 학군이나 대단지로 모여 있는 아파트가 적지만 개발 계획이 많은 중랑구 묵동과 노원구 월계동 가까이 있어 그 부가적인 혜택을 볼 수 있는 입지로 예상된다.

　공릉동은 공릉1동과 공릉2동으로 구분되는데 공릉1동은 전형적인 주거 지역이며 중랑천과 지하철 7호선 주변 지역이다. 북쪽으로는 아파트가 밀집되어 있고 남쪽으로는 재래시장, 빌라, 다세대 위주인 빽빽한 주거 밀집촌이다.

　그 당시 노원구에는 전세 물건이 부족했다. 전세가 나오면 집도 안 보고 계약이 되는 상황이었다. 인근 아파트 경매 낙찰가율은 기본으로 100%가 넘었다. 낙찰이 되더라도 손익 계산이 맞지 않았다. 하지만 고가 낙찰이 되고 경쟁률도 무척 높았다.

　그래도 부동산은 주말마다 꾸준히 방문했다. 물건이 없다고 가격이 올랐다고 생각만 하고 있지 않았다. 실행을 하다 보면 급매가 나올 것 같았다. 계속 다니다 보면 모르는 정보 및 소스를 얻을 수 있었다. 내가 꼭 사야 하는 의지를 보여주고 신뢰를 쌓기 위해 노력했다. 이미 끝났다는 곳에서, 이미 올랐다는 곳에서도 얼마든지 기회를 찾을 수 있다.

　그 중에 급매 물건이 나왔다고 연락을 받았다. 사연은 이랬다. 말이라도 한 번 해달라고 했다. 사장님이 반신반의하다가 많이 기대하지 말라고 했다. 의외로 흔쾌히 받아 줬다. 부동산 사이트에서 올라오지 않는 아파트가 있었다.

## 서울시 노원구
## 24평 아파트(방3, 화1)

매매가: 304,000,000원
당시 시세: 320,000,000원
현재: 전세 300,000,000원

| 투자내역 | | 초기비용 | | 수익(단순계산) | |
|---|---|---|---|---|---|
| 당 시 시 세 | 320,000,000 | 세금 및 등기 | 3,500,000 | 현 재 시 세 | 350,000,000 |
| 매　매　가 | 304,000,000 | 수 리 비 용 | 1,200,000 | 총 취 득 가 | 310,000,000 |
| | | 기　　　타 | 1,300,000 | 차 익 ( 4 ) | **40,000,000** |
| 잔 금 ( 1 ) | 304,000,000 | 합 계 ( 2 ) | **6,000,000** | | |
| 총 투 자 금<br>( 1 + 2 ) | 310,000,000 | | | | |
| 전　세　금 | 300,000,000 | | | | |
| 최종투자금<br>( 1 + 2 - 3 ) | **10,000,000** | | | | |
| **투자 summary** | | | | | |
| 물 건 특 징 | | 공릉1동에서는 중랑천 조망이 나오는 랜드마크 아파트이며 선호도 1위임. 단지내에서 이사를 많이 하며 24평 전세가는 3억 원이 최고 상한선인 듯하다. | | | |
| 평 가 및 느 낀 점 | | 살기에도 참 좋은 곳이며 7호선 개통 이후 강남권 접근성 좋아짐. 개발계획이 많은 노원구 월계동, 중랑구 목동이 가까이 있어 부가적인 혜택을 볼 수 있다. | | | |

# 1천4백만 원으로 산
# 인천 부평구 24평 아파트

인천이란 지역은 투자하기 전에는 한 번도 가보지 않은 지역이다. 상대적으로 저렴한 집값과 인천에서 서울로 출퇴근하는 회사 직원들도 많았다. 그 당시 전세가는 아주 씨가 말랐으며 매매가에 전세가율이 90%에 육박하고 있었다. 무조건 매입가에 전세를 놓을 수 있는 것이 좋은 물건이 아니라 수익이 나야 한다.

서울과 수노권에 재개발 바람이 불고 있었고, 뉴스테이노 또한 한몫하고 있었다. 해당 물건은 부평구 청천동 뉴스테이 재개발 이주 수요와 7호선 석남역 연장을 보고 투자한 물건이다. 그리고 부평구는 2년간 공급 물량이 없었다.

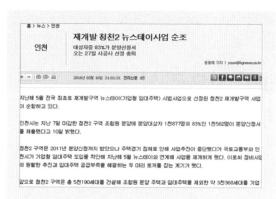

부평구에는 1호선과 7호선이 지나가고, 인천 지하철 1호선까지 연결이 되어 있어 인천 교통망의 중심지이다. GM공장과 한국 수출산업 4단지 등 일자리가 많다. 경인고속도로 IC가 인접하고 지하철역과 서울 직통 광역버스 이용이 가능하며 자동차 및 대중교통을 통한 서울로의 이동이 용이한 지역이었다.

단지 내 초등학교가 있으며 인근에 중, 고등학교가 있어 교육 환경도 무난했다. 대형마트와 편의시설이 가까워 주거환경이 편리한 장점도 있었다. 대단지 아파트로 연식이 조금된 아파트지만 시설물 유지 상태가 최근 지어진 아파트와 비교해도 전혀 손색이 없을 정도였고 관리 또한 잘 되어 있었다.

아파트 내에서 분기마다 벼룩시장, 둘레길 걷기 행사를 했다. 사람들이 사는 냄새가 풀풀 나면서 조경 또한 예쁘게 잘 정돈되어 실거주로 살고 싶을 정도였다. 그리고 부동산을 소유하고도 꾸준하게 연락을 하고 지내면서 모니터링을 하고 있었다. 투자자라면 소유한 부동산이 멀리 있다고 해도 3개월에 한 번 정도는 인근 부동산에 전화해서 그곳 분위기가 어떤지 알아보는 것이 중요하다.

## 인천 부평구
## 24평 아파트(방3, 화1)

매매가: 230,000,000원
당시시세: 235,000,000원
현재: 2억5천만 원에 매도함

| 투자내역 | | 초기비용 | | 수익(단순계산) | |
|---|---|---|---|---|---|
| 당 시 시 세 | 235,000,000 | 세금 및 등기 | 3,000,000 | 현 재 시 세 | 250,000,000 |
| 매 매 가 | 230,000,000 | | | 총 취 득 가 | 233,920,000 |
| | | 기 타 | 920,000 | 차 익 ( 4 ) | **16,080,000** |
| 잔 금 ( 1 ) | 230,000,000 | 합 계 ( 2 ) | **3,920,000** | | |
| 총 투 자 금 ( 1 + 2 ) | 233,920,000 | | | | |
| 전 세 금 | 220,000,000 | | | | |
| 최종투자금 ( 1 + 2 - 3 ) | **13,920,000** | | | | |
| **투자 summary** | | | | | |
| 물 건 특 징 | | 2015년 인천시 최우수 아파트 선정됨. 아파트 주민을 위한 프로그램이 잘 되어 있으며 청천동의 1000세대 이상의 대표 아파트이다. | | | |
| 평 가 및 느 낀 점 | | 뉴스테이 재개발 이주수요와 7호선 연장으로 호재가 많았다. 그 당시 24평 전세금 2억 2천만 원은 아주 높은 금액이었으나 로얄층에 올수리가 되어 있었음. 바로 앞에 초등학교가 있어서 신혼부부나 초등학교 있는 가족을 대상으로 삼은 게 적중했다. | | | |

# 공동 투자 1천3백만 원으로 산 인천 부평구 33평 아파트

    부평구는 계양구와 함께 투자자들의 관심을 받고 있는 서울과 가까이 있는 지역이다. 7호선 연장의 호재가 있는 부평구는 좀 더 멀리 보면 광명, 부천, 청라의 수요 확장을 불러 오겠다는 생각을 갖게 된다. 그렇다면 이미 7호선의 영향이 포함된 가격은 아닐까? 반영되었다면 앞으로 더 오를 가능성이 있을까?라는 분석을 하고 고민을 많이 했다. 이 아파트는 2017년에 33평을 추가로 매매를 했다. 2017년 매매 당시 24평은 평당 1천만 원을 넘었지만 33평은 저층 기준 평당 830만 원이었다. 24평은 이미 가격이 꼭짓점이라고 생각했고 33평이 오를 가능성이 있었다. 부평구청역 앞에 있는 대단지 아파트 24평하고 비슷한 금액이다. 아직까지도 경기도 일부 관심 지역과 비교하자면 상대적으로 저렴했다. 그리고 산곡동 우체국 옆에 있는 부대가 공원 부지로 바뀔 예정이라 쾌적하고 살기 좋은 곳으로 변하지 않을까 예상을 해 본다. 24평을 매매한 부동산 중개사에 33평 급매가 나오면 꼭 연락을 달라고 했다. 그렇게 부동산 중개사하고 꾸준히 연락을 하고 지내면서 같은 단지인 33평을 추가로 매수하게 된다. 최초 매매를 중개한 부동산과 관계를 돈독히 해야 한다. 같은 부동산 중개사라도 능력과 보는 시각도 다르다. 그리고 매입한 아파트를 최소한의 비용으로 인테리어를 한 후 가격을 올리는 전략이다. 싱크대는 수리가 되어 있었으며 도배, 장판, 화장실 2개, 베란다&현관 타일, 조명까지 720만 원으로 인테리어를 마무리 했다.

# 인천 부평구 33평 아파트(방3, 화2)
## ☆공동투자☆

매매가: 275,000,000원
당시시세: 290,000,000원
현재: 전세 260,000,000원

| 투자내역 | | 초기비용 | | 수익(단순계산) | |
|---|---|---|---|---|---|
| 당 시 시 세 | 290,000,000 | 세금 및 등기 | 3,500,000 | 현 재 시 세 | 300,000,000 |
| 매 매 가 | 275,000,000 | 수 리 비 용 | 7,200,000 | 총 취 득 가 | 286,800,000 |
| | | 기 타 | 1,100,000 | 차 익 ( 4 ) | **13,200,000** |
| 잔 금 ( 1 ) | 275,000,000 | 합 계 ( 2 ) | **11,800,000** | | |
| 총 투 자 금<br>( 1 + 2 ) | 286,800,000 | | | | |
| 전 세 금 | 260,000,000 | 공동투자 1인 금액 : 약 1천3백5십만 원<br>(공동명의로 진행) | | | |
| 최종투자금<br>( 1 + 2 - 3 ) | **26,800,000** | | | | |
| 투자 summary | | | | | |
| 물 건 특 징 | | 33평 기준 매매가 평당 830만 원에 저평가되어 있음. 유럽형 스타일로 베란다가 넓고 싱크대가 수리 되어 있었다. | | | |
| 평 가 및 느 낀 점 | | 계속 거래한 부동산 중개사에게 급매가 나온 것을 연락받고 바로 계약을 했다. 그리고 처음으로 공동 투자를 진행하면서 협업 시스템에 매력을 느꼈다. | | | |

## 당장 500만 원이 없다면?

종잣돈 5백만 원을 모으는 데 시간이 5년이 걸렸다. 이는 저축이라고 말할 수도 없다. 악착같이 월급에 50%씩 저축만 했어도 몇 개월이면 끝났을 텐데 말이다. 알뜰 살뜰 잘 모아서 티끌 모아 태산이 되도록 차곡차곡 모으는 수밖에 없다. 목돈 모으는 좋은 적금 방식이 있다.

바로 적금 풍차 돌리기다. 매달 풍차를 돌리는 것처럼 적금 통장의 개수를 하나씩 늘려 12개월씩 적금 만기 금액과 이자를 수익으로 얻을 수 있는 재테크 방법이다. 만약 매달 적금 통장 하나당 1십만 원씩 납입한다면 12개월째에 1백2십만 원을 납 입을 해야 한다. 1년을 모으면 7백8십만 원이 된다. 월세 부동산을 하나 더 만들 수 있다. 즉 1년을 총기간으로 두고 그 안에 새로운 적금을 계속적으로 만들어 적금액 을 납입하는 것이다.

| 구분 | 월 불입금 |
| --- | --- |
| 1월 | 100,000 |
| 2월 | 200,000 |
| 3월 | 300,000 |
| 4월 | 400,000 |
| 5월 | 500,000 |
| 6월 | 600,000 |
| 7월 | 700,000 |
| 8월 | 800,000 |
| 9월 | 900,000 |
| 10월 | 1,000,000 |
| 11월 | 1,100,000 |
| 12월 | 1,200,000 |
| 합계 | 7,800,000 |

## 부록 2 : 주택임대사업자 내기 (인터넷 민원24시)

### 주택임대사업자 등록을 해야 하는가?

주택임대사업자로 등록할지는 많은 이들이 고민하는 부분이다. 물건을 4년 이상 장기 보유하거나, 시세차익보다는 지금 당장의 현금 흐름을 만들거나, 취득세, 재산세, 종합부동산세 감면 혜택까지 우선인 사람이라면 등록하는 게 낫다.

신축 오피스텔의 세금 혜택을 받기 위해 저자는 주택임대사업자로 등록했다.

**주택 임대사업자 등록 절차**

| | 구분 | 해당부서 | 구비서류 | 기한 | 비 고 |
|---|---|---|---|---|---|
| 1 | 주택임대 사업자 등록 | 거주지 (주소지) 시군 구청 주택과 | 분양 계약증, 신분증 | 취득일(잔금납부일)로부터 60일 이내, 취득세를 감면 받으려면 잔금 전에 등록해야 함 | |
| 2 | 사업자 신고 등록 | 거주지 세무서 | 임대 사업자 등록증, 신분증 | 시군구청 주택과에서 주택 임대사업자 등록 후 | 신규 최초 분양 주택(오피스텔만)해당, 전용 60㎡ 이하: 85% 감면 |

| 3 | 취득세 감면 신청 | 물건지 시군 구청 세무과 | 세액 감면신 청서, 임대사 업자 등록증 | 취득일로부터 60일 이내 | |
|---|---|---|---|---|---|
| 4 | 임대차 계약 체결 | 부동산 중개 소 등 | 반드시 표준임대차 계약서 | 임대 시 | |
| 5 | 임대 조건신 고 | 물건지 시군 구청 주택과 | 임대조건 신 고서,표준임 대차계약서 | 임대차 계약 체결 후 30일 이내 | |
| 6 | 임대 신고 | 물건지 세무 서 재산과 | 임대사업자 등록증, 표준 임대차계약 서 | 임대 개시 10일 전 | |
| 7 | 종합 부동산 세 배제 신고 | 물건 소재지 세무서 | 종합부동산 세 배제신청 (우편으로 세 무서에 고지) | 6월1일 기준(기준시가 수도권 6억 원 이하, 비수도권 3억 원 이하 만 해당) 9.16~30일 사 이에 신청 | |

주택임대사업자 등록을 하려면 일부러 시간을 내서 거주지 시, 군, 구청 주택과에 가

야 한다. 직장인 경우는 시간이 부족할 뿐더러 소중한 연차를 소진해야 하는 단점이

있다. 그래서 저자의 경우는 인터넷으로 주택임대사업자 신청을 하였다.

# 인터넷으로 임대사업자 신청하기

**1** 민원24시 클릭 후 로그인 ( http://www.minwon.go.kr )

**2** 검색어에 '임대사업자' 입력 후 검색

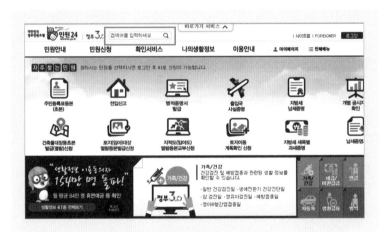

**③ 임대사업자 등록 신청 클릭**

**④** 대상기관 : 현재 살고 있는 집 주소 입력

신청인 구분, 성명, 주민번호, 주소(대상기관 주소와 동일), 전화번호

| | 임대사업자등록신청서 | |
|---|---|---|
| 대상기관<br>(주민등록주소지)* | 검색 | |
| | **신청인** | |
| 신청인구분 | ● 개인 ○ 법인 | |
| 성명(법인명)* | | 신청인 |
| 주민(법인)등록번호* | ☐ - ☐ | |
| 상호 | | |
| 주소* | 기본 주소 | 주소검색 |
| | 상세주소 | |
| 전화번호* | ☐ - ☐ - ☐ | |

| 연번 | | 신청 사항* | |
|---|---|---|---|
| 1 | 민간임대 주택의 소재지 | 주소검색 | |
| | | | |
| | 호수 또는 세대수 | ☐ ※ 다가구주택의 경우 별도로 ()안에 실의 수를 입력 | |
| | 민간임대 주택의 종류 | 단기임대주택 ▼ | |
| | 민간임대 주택의 종류 | 오피스텔(매입) | |

314

**⑤** 마지막 임대사업자 등록신청서 확인증이 나오게 된다.

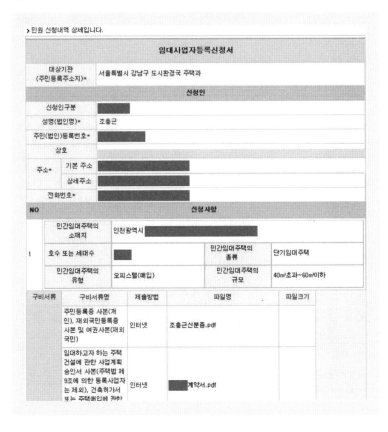

› 민원 신청내역 상세입니다.

| 임대사업자등록신청서 | | | | |
|---|---|---|---|---|
| 대상기관<br>(주민등록주소지)* | 서울특별시 강남구 도시환경국 주택과 | | | |
| **신청인** | | | | |
| 신청인구분 | | | | |
| 성명(법인명)* | 조충근 | | | |
| 주민(법인)등록번호* | | | | |
| 상호 | | | | |
| 주소* 기본 주소 | | | | |
| 상세주소 | | | | |
| 전화번호* | | | | |
| **NO** | **신청사항** | | | |
| 1 | 민간임대주택의<br>소재지 | 인천광역시 | | |
| | 호수 또는 세대수 | | 민간임대주택의<br>종류 | 단기임대주택 |
| | 민간임대주택의<br>유형 | 오피스텔(매입) | 민간임대주택의<br>규모 | 40㎡초과~60㎡이하 |

| 구비서류 | 구비서류명 | 제출방법 | 파일명 | 파일크기 |
|---|---|---|---|---|
| | 주민등록증 사본(개인), 재외국민등록증 사본 및 여권사본(재외국민) | 인터넷 | 조충근신분증.pdf | |
| | 임대하고자 하는 주택건설에 관한 사업계획 승인서 사본(주택법 제9조에 의한 등록사업자는 제외), 건축허가서 또는 주택매입에 과하 | 인터넷 | 계약서.pdf | |

주택임대사업자 제도에 대해 알기 쉽게 표로 정리하면 다음과 같다. (2016년 11월 기준)

| 구분 | 임대사업 등록 여부 | 40m2 이하 | 40~60m² | 60~85m² | 85~149m² 이하 | 비고 |
|---|---|---|---|---|---|---|
| 취득세 | 등록 | 면제 | 면제 | 25%감면 | 25%감면 | 신축 공동주택, 공동주택 오피스텔 최초 분양을 받은 경우 |
| | 미등록 | 6억 원 이하 1%, 6~9억 원 2%, 9억 원 이상 3% | | | | |
| 재산세 | 등록 | 면제 | 50% 감면 | 25% 감면 | – | 국가나 지자체 건설 임대추택 2가구 이상, 5년 이상 임대 |
| | 미등록 | 세제 혜택 없음. | | | | |
| 종합 부동산세 | 등록 | 임대주택은 합산 배제 | | | | 1가구 이상, 5년 이상 임대 임대공시가격 6억 원 이하(지방 3억 원) |
| | 미등록 | 임대주택도 합산. 세제 혜택 없음. | | | | |
| 양도세 | 등록 | 양도세 중과 배제, 장기 보유 특별공제 40% | | | | 2014년 1월 다주택자 양도세 중과제도 폐지 |
| | 미등록 | 양도세 중과 배제, 장기 보유 특별공제 30% | | | | |
| 소득세/ 법인세 | 등록 | 20% 감면 | | | | 기준시가 3억 원 이하 3가구 이상, 5년 이상 임대 |
| | 미등록 | 세재 혜택 없음 | | | | |

2015년 12월말까지 임대사업자에게 제공되었던 세금 혜택이 2016년 1월부터 더 많은 혜택을 주도록 개정되었다.

| 현행(2015년 12월 말까지) | 개정안(2016년 1월부터) |
| --- | --- |
| 소형 주택 임대사업자 세제 지원 | 소형 주택 임대사업자 세제 지원 확대 |
| 소득세, 법인세 감면율<br>- (일반 임대) 20%<br>- (준공공 임대) 50% | 감면율 확대<br>- (일반 임대) 30%<br>- (준공공 임대, 기업형 임대) 75%<br>• '임대 주택법 정부 개정 법률안'에 근거 |
| 의무 임대기간<br>- (일반 임대) 5년<br>- (준공공 임대) 8년 | 의무 임대기간 단축<br>- (일반 임대) 4년<br>- (준공공 임대, 기업형 임대) 8년 |
| 임대 주택 요건<br>- 국민 주택규모 이하<br>- 기준시가 3억 원 이하 | 임대 주택 요건 완화<br>- (좌동)<br>- 기준시가 6억 원 이하 |

주택 임대사업자에는 매입임대사업자와(단기임대사업자) 준공공 임대사업자(장기임대사업자), 이렇게 2가지로 나눌 수가 있다. 매입임대사업자는 처음 오피스텔을 산 이후 4년 만에 임대를 하면 그 이후부터는 언제든 부동산을 팔아도 아무 문제가 없다.

준공공 임대사업자는 오피스텔을 산 뒤 8년 이후에 팔 수 있다. 매입 임대사업자에 비해 양도소득세를 훨씬 크게 절감할 수 있다는 것이 가장 큰 장점이다. 하지만 준공공 임대 사업자는 임대 보증금, 즉 전세금을 매년 5% 이상 올릴 수 없다.

　직장은 근본적으로 현대 사회의 생존 경쟁터이다. 성과를 내야 하고 승진을 해야 하는 야생의 세계에서 생존이 목적이다. 내가 인정받지 못한다고 느낄 때도 있는가? 상사는 나에게 무관심하다고 느껴본 적이 있는가? 선배들에게 저항할 수도 없고 직장을 때려치울 수도 없다. 생존을 위해서는 싫어도 좋은 척 꾹 참는 수밖에 없는가? 세상살이가 그래서 고달픈가? 저자는 어느 누구보다도 평범한 직장인으로 회사를 다니면서 느낀 감정들이다. 그러나 직장이 있었기에 매월 안정적인 현금흐름이 발생했고, 필요할 땐 신용 대출도 해 주는 든든한 곳이다.

　내가 정말 좋아하는 것은 뭘까? 얼마를 들여도 아깝지 않은 일, 직장을 다니면서 경제적 자유를 누리기 위해 더 빨리 갈 수 있는 길은 부동산 재테크라고 생각한다. 그 중 부동산 투자는 임대 수익과 미래 가치인 시세 차익까지 얻을 수 있는 매력 있는 투자법이다.

　저자는 본업을 유지하면서 더 짧은 시간에 더 많은 일을 처리하고, 더 전략적으로, 더 체계적으로 경제적 자유로 가는 시스템을 구축 중이다.

　부자가 되는 길은 끊임없이 지식을 추구하는 길과 다를 바 없음을 우리는 알아야 한다. 끊임없이 지식을 추구하며 배움을 게을리해서는 안 된다. 그런데 간혹 주변을 보면 부동산을 사자마자 돈을 벌었다는 친구, 친척, 동료들의 말에 흥분해서 너무 쉽게 부동산 투자를 하는 분이 많다.

부동산은 전 재산과 우리 가족의 미래를 걸고 투자하는 거다. 힘들게 모은 피 같은 돈, 다 날릴 수도 있다. 여러분들은 그런 고통을 겪지 않았으면 한다. 남을 위해 돈을 버는 것보다 자신을 위해 돈을 버는 사람이 부자가 될 확률이 높은 것처럼 무엇을 하든 끝까지 해 보자. 꼭 내가 그것을 해낼 수 있다는 믿음. 나 자신을 사랑하고 아끼며 내가 그럴 사람이라고 믿어 의심하지 않는 것이다.

내게 큰 영감을 주었던 아인슈타인의 말이 있다.

"인생을 살아가는 방법은 두 가지다. 하나는 아무 기적도 없는 것처럼 사는 것이요, 다른 하나는 모든 것이 기적인 것처럼 사는 것이다."

기적을 믿는 사람은 기적처럼 살 것이다. 포기하기 전까지 포기가 아니라는 것이다. 언젠가는 내가 만들어 낸 인생의 여러 흐름 속에서 접점들이 내 인생의 최고의 순간을 만들어 낼 것이다.

아무 기적도 없는 평범한 삶이 아닌, 본업과 부동산 재테크를 통해 할 수 있다는 믿음을 가져야 한다. 그 성공을 향해 가는 길에 누구를 만나는지 아는가? 사람들이다. 좋은 사람들, 도전하는 사람들, 여러분들과 함께할 준비가 되어 있다. 인생은 문제 해결과 선택의 연속인 듯하다. 올바른 선택을 할 수 있는 사람들이 그렇지 못한 사람들보다 훨씬 더 나은 삶을 살아갈 수 있게 된다. 일에서 중요한 건 오늘의 일을 어제와 똑같은 방법으로 하지 않는 것이다. 어제의 실패와 성공을 모두 잊어버려라. 오늘부터 새로 시작하라.